现代数理金融及应用

潘素娟　著

厦门大学出版社

XIAMEN UNIVERSITY PRESS

国家一级出版社
全国百佳图书出版单位

图书在版编目（CIP）数据

现代数理金融及应用 / 潘素娟著. -- 厦门 ：厦门
大学出版社，2025. 4. -- ISBN 978-7-5615-9516-9

Ⅰ. F830.95

中国国家版本馆 CIP 数据核字第 20240D6X47 号

责任编辑　陈玉环
美术编辑　蒋卓群
技术编辑　许克华

出版发行　厦门大学出版社
社　　址　厦门市软件园二期望海路 39 号
邮政编码　361008
总　　机　0592-2181111　　0592-2181406(传真)
营销中心　0592-2184458　　0592-2181365
网　　址　http://www.xmupress.com
邮　　箱　xmup@xmupress.com
印　　刷　厦门市竞成印刷有限公司

开本　787 mm×1 092 mm　1/16
印张　9
字数　208 千字
版次　2025 年 4 月第 1 版
印次　2025 年 4 月第 1 次印刷
定价　40.00 元

厦门大学出版社
微信二维码

厦门大学出版社
微博二维码

序

在当今这个数据驱动、算法主导的时代，金融领域正经历着深刻的变革。数理金融作为连接数学与金融的桥梁，不仅为我们提供了理解复杂金融现象的工具，更在风险控制、资产定价、投资决策等方面发挥着至关重要的作用。在此背景下，《现代数理金融及应用》一书应运而生，旨在为读者构建一个全面、深入且实用的数理金融知识体系。

本书从基础概念出发，逐步深入复杂的金融模型和应用场景，涵盖了单资产欧式期权定价、多资产欧式期权定价、路径依赖期权、证券投资组合理论以及金融博弈等多个核心领域。每一章节都经过精心设计，既有严谨的理论推导，又有丰富的实际案例分析，确保读者能够在掌握理论知识的同时，理解其在实际金融活动中的应用价值。

第1章，我们首先介绍了金融衍生产品、信用风险和信用风险模型、资产价格动力学和随机过程等基本概念，为读者构建了坚实的数学和金融基础。这些基础知识不仅是理解后续章节的前提，也是进行金融分析和决策的重要工具。

第2章和第3章分别探讨了单资产和多资产欧式期权定价模型，包括著名的 Black-Scholes 模型和 Merton 的跳跃扩散模型。这些模型不仅在理论上具有重要意义，而且在实践中被广泛应用于期权定价和风险管理。

第4章则聚焦于路径依赖期权，这类期权的收益取决于标的资产价格在期权有效期内所经过的路径。这一章节深入探讨了基于随机汇率条件下外国股票亚式回望期权、债务随机时的有信用风险几何平均亚式期权等多种路径依赖期权，有助于读者深入理解这类复杂金融衍生品。

第 5 章聚焦证券投资组合理论，介绍均值-方差组合选择理论与证券投资组合的均值-方差分析。这些理论为投资者提供了如何构建最优投资组合的科学方法，是现代投资理论的核心。

第 6 章着重探讨金融博弈，尤其是动态博弈分析及在证券市场和中美贸易中的应用。这一章节不仅展示了博弈论在金融领域的应用，也强调了在复杂金融环境中进行策略性思考的重要性。

本书的编写得到了许多同行和专家的支持和帮助，特别要感谢厦门大学数学科学学院的李时银副教授和福建商学院信息工程学院的林勇教授，他们的宝贵意见和建议使得本书更加完善。在此，向所有为本书的编写和出版做出贡献的人们表示衷心的感谢。

最后，希望本书能够成为读者在金融领域探索和实践的"良师益友"，帮助读者在金融世界的复杂性和不确定性中找到自己的方向。愿本书伴随每一位读者，共同见证金融领域的不断发展和进步。

本书由福建省社科基金重大项目（FJ2025Z015）、福建省自然科学基金项目（2021J011253）、福建省社会科学基金项目（FJ2021B031）资助出版。

潘素娟

2025 年于榕城

目录

1 基本概念与数学基础

1.1 金融衍生产品

1.1.1 衍生产品的概述

在过去的几十年里,金融市场的一个引人注目的发展就是衍生产品(derivative secur-ities,也称衍生证券、衍生工具)的日趋普遍。衍生产品是金融工具(financial instruments),其价值依附于其他更基本的标的(underlying)变量,这些标的变量常见的有可交易证券的价格、公司的股票价格、市场上的股票指数、商品的价格等。事实上,衍生产品可以依附于几乎任何变量,该变量可以为生猪价格或某个滑雪胜地的降雪量等。衍生产品种类很多,主要的形式有期权(option)、远期合约(forward contract)、期货(futures)、互换(swap)。

期权是衍生产品最主要的形式。股票期权于 1973 年首次在有组织的交易所内进行交易,从此期权市场迅猛发展。期权分为看涨期权(call option)和看跌期权(put option),期权的执有者(holder)被称为期权的多头方(long position),期权的出售方(writer)被称为期权的空头方(short position)。看涨期权的执有者有权在某一确定的时间以某一确定的价格购买标的资产;看跌期权的执有者有权在某一确定的时间以某一确定的价格出售标的资产。期权合约中的价格被称为执行价格或敲定价格(exercise price or strike price)。合约中的日期称为到期日或期满日(expiration date or maturity date)。美式期权(American option)可在期权有效期内的任何时候执行;欧式期权(European option)只能在到期日执行。需要强调的是,期权赋予其持有者做某种事情的权利,持有者不一定要行使这种权利。投资者买一张期权合约必须支付期权费。

远期合约是一种特别简单的衍生产品,它是一个在将来确定的时间按确定的价格购买或出售某种资产的协议。通常是在两个金融机构之间或金融机构与其公司客户之间签署该合约。它不在规范的交易所内交易。远期合约中的特定价格被称为交割价格(delivery price)。在远期合约签署的时刻,所选择的交割价格应该使得远期合约的价值对双方都为零。这意味着无需成本就可处于远期合约的多头和空头状态。

像远期合约一样,期货合约是两个对手之间签订的一个在确定的将来时间按确定的价格购买或出售某种资产的协议;与远期合约不同的是期货合约通常在交易所内交易,要交保证金,可以在到期日之前通过反向的交易平仓。

互换是两个公司之间私下达成的协议,按照事先约定的公式在将来彼此交换现金流。两种常见的互换为利率互换和货币互换。在利率互换中,一方同意在几年内按本金的固定利率向另一方支付利息,作为回报,在同一时间内,它从另一方收取按同一本金以浮动利率计算的利息。在货币互换中,一方同意以一种货币按一定本金数量支付给对方利息,作为回报,它从另一方收取以另一种货币按一定本金计算的利息。本质上,互换是一种债券多头与一种债券空头的组合,或者它可以被认为是一系列远期合约的组合。

参与衍生证券市场交易的投资者可以分成三类:

① 套期保值者(hedger)。成功的公司把精力放在他们最擅长的经济活动上,他们拥有的资产暴露在价格、货币、利率变动等风险中,他们利用衍生产品进行套期保值的目的是减少他们面临的这些暴露风险。

② 投机者(speculator)。他们把自己的资金投到能获利的衍生产品上,通过承担风险获取风险利润。与套期保值者所处的位置恰好相反,他们频繁的投机活动使得套期保值策略得以实施。

③ 套利者(arbitrageur)。他们同时进入多个市场进行交易,通过价格差套取无风险利润。由于这类投资者的存在,大多数市场仅存在非常小的套利机会。

1.1.2 金融衍生产品的基本定价方法

金融衍生定价主要有两种方法:一种是构造出一个可交易资产的自融资投资组合(self-financing portfolio)来复制金融衍生产品的收益(payoff),若金融衍生产品的价格是时间和标的资产价格的充分光滑函数,通过对标的资产的价格建模(譬如,用几何布朗运动、Levy 过程描述标的资产价格的动态变化),利用 Ito 引理得出一个偏微分方程(partial differential equations,PDE),结合该方程满足的初始条件和边界值条件,通过解微分方程得出金融衍生产品的价格公式,这种方法称为微分方程定价方法(differential-equation approach）。另一种称为等价鞅测度（equivalent-martingale measure）或风险中性（risk neutral）定价方法。当或有权益的到期收益可以被一组可交易资产的投资组合进行复制，则称该或有权益市场是完全的。Harrison 和 Kreps（1997）证明，在完全市场环境下有唯一的等价鞅测度，市场不存在套利机会（arbitrage opportunity）。通过选择一个合适的与主观概率（subjective probability）测度等价的鞅测度（称为风险中性测度）和一个作为计价单位的资产（numeraire asset），金融衍生证券所依赖的标的资产的价格过程用该资产折现后在风险中性测度下是一个鞅，从而衍生证券的现时价格可解释为其到期支付函数经计价单位资产折现后在风险中性测度下的条件期望。

1.2　信用风险和信用风险模型

1.2.1　信用风险

　　长期以来，信用风险（credit risk）都是金融市场上最基本、最古老，也是危害最大的风险之一。尤其是 20 世纪 80 年代中期以后，随着经济和金融的全球化，信用规模和风险程度都呈指数式增长，信用风险问题受到了学术界和金融实业界广泛的关注。在任何一份金融合约或投资组合中，区分市场风险（market risk）和信用风险是很重要的。市场风险是来自利率、汇率等这样的市场变量的变化，使得合约的价值有转化为负值的可能性。

　　信用风险又叫违约风险，指的是合约对手（contractual counterparty）未履行合约订立的义务而导致债权人发生经济损失的可能性。一般地，金融合约中潜在的市场风险可以通过持有适当的抵偿债券头寸进行对冲，而信用风险却不能。众所周知，在金融市场中，违约、破产、延期偿还债务等都是信用违约事件。很自然地，信用风险的存在会影响期权执有者的策略，以无股息股票的美式看涨期权为例，在无信用风险的情况下，我们知道过早执行不是最优的，因此美式看涨期权和欧式看涨期权的值是重合的。若存在信用风险，情况就会有很大的变化，如果期权的卖方违约就会使期权无效，这样期权执有者就会受到损失，这种情况下较早地执行就会使期权执有者避免因对方违约而产生损失。

　　信用风险能以多种不同方式影响衍生产品合约的定价：

　　①衍生产品合约可能含有交易对手的违约风险。

　　②衍生产品的标的本身会遭受信用风险。

　　③信用风险本身可能就是衍生合约的标的变量。

　　④衍生产品合约自身可能遭受交易对手风险。

信用风险在现实市场中是客观存在的,因此,研究这种市场环境下期权的定价是比较接近现实的,是很有实际意义的。

近十几年来,信用衍生证券市场发展迅猛,信用衍生证券交易量日益增长,越来越多的金融机构使用信用衍生证券来管理它们的资产和投资组合中潜在的信用风险。信用衍生工具是指参与双方之间签订一项金融合约,该合约将信用风险从标的资产中剥离出来并进行定价,使它能够转移给最适于承担或最愿意管理风险的投资者。信用衍生工具有四种基本种类,即信用违约互换(credit default swap)、总收益互换(total return swap)、信用违约互换(credit default swap)和信用联系票据(credit-linked note)。

1.2.2 信用风险模型发展回顾

信用风险模型的突破性进展,始于1974年Merton将期权定价理论运用于有风险的贷款,将有可能违约的债务看作企业资产的或有权益,利用期权定价理论进行定价分析之后,一大批金融学家对其模型进行了更为深入的研究和推广。

信用风险模型通常分为两类:强度模型(intensity model)和结构模型。强度模型又称为简化模型(reduced form model),是Jarrow和Turbull(1995)、Madan和Unal(1998)提出的,是最近几年迅速发展起来的。该模型不考虑违约风险是否受合约空头方公司资产-债务结构的影响,违约发生时合约的债权方所获得的补偿率(recovery rote)并不要求必须是违约公司的资产债务比的函数,而是采用一个外生的违约随机过程,譬如Possion过程、Levy过程、Cox过程来触发。其中违约过程的强度λ即为违约强度,λ可以是常数、确定的函数或随机变量。在结构模型中违约时间τ关于资产价格流$\{F_t,t\in \mathbf{R}^+\}$是停时。但是在强度模型中违约时间$\tau$关于资产价格流不一定是停时,但是关于扩大流是停时。

所谓的结构模型,是由Merton(1974)开创,经Black和Cox(1976)、Longstaff和Schwartz(1995)等修正发展的结构方法(structural approach)。该模型限定,当合约空头方的资产总价值低于其债务总额或某一外生的临界水平时空头方才会违约。其又可以根据违约现象发生在债务到期之时或企业的资产低于某个界限时立刻违约分为公司价值模型(firm value model)和首达时模型(first passage model)。前者限定合约未到期之前,公司不被清算,因而公司破产或重组不会发生,合约空头方不违约。合约到期时,若发生违约,债权方(合约多头方)所获得的补偿率是违约方公司的资产与债务之比(assets to liabilities)的函数。资产债务比又称违约距离(distance to default),显然,较大(小)的违约距离意味着较小(大)的信用风险。首达时模型限定合约空头方公司可以在合约未到期之前违约,违约发生后,合约双方可以选择立即清算,也可以选择等到合约到期时清算。清算时合约多头方所获得的补偿率不一定是合约空头方公司的资产债务比的函数,可以是一个与违约公司资产债务比独立的某一个外生的补偿随机过程（stochastic recovery process）。这种允许提前违约的结构模型是公司价值模型丰富和发展的表现，在一定程度上阻止了债权方进一步遭受更大的损失。Jonkhart（1979）、Brennan 和 Schwartz（1980）、Mason 和 Bhattacharya（1981）、Longstaff 和 Schwartz（1995）、Nielsen 等（1997）在这方面做出了一定的研究。本书的第 4 章将利用结构方法给出多种期权的定价。

结构模型的优点是：从经济学的理论角度来看有很强的直观背景，且具有封闭形式的解析定价公式，它把违约的补偿率和违约的原因紧密地联系起来。

1.3　资产价格动力学和随机过程

在这节中，我们讨论描述资产价格运动的随机模型。如果资产价格用不确定的方式随时间改变就说其价格运动遵循一个随机过程。随机过程的研究与随机变量 X_t 形成的族的结构的研究是相关联的，这里 t 是一个参数（t 通常被解释为时间参数），跑遍某个指标集 T。如果指标集是离散的，那么随机过程 $\{X_t, t \in T\}$ 称为离散随机过程；如果指标集 T 是连续的，那么 $\{X_t, t \in T\}$ 称为连续随机过程。换句话说，一个资产价格离散时间随机过程是资产价格仅在某些离散的时间点取值的情况，而遵循连续时间随机过程的资产价格可以在任何时间点上取值，进一步地，由于随机变量 X_t 的取值既可以是离散的也可以是连续的，从而相应的随机过程分别被称为离散值的或连续值的。在实际中，股票价格只能在股票交易所开业时按离散值变化，然而为了简单，在后面大部分的章节我们假定资产价格运动是取连续值的，时间连续的随机过程，从而可以把随机分析作为分析的工具。

马尔可夫过程是这样的一个随机过程：给定 $X_s, t > s$ 时，X_t 的值仅依赖于 X_s，而不依赖于 $X_u (s > u)$ 的值。如果资产价格遵循马尔可夫过程，那么预测资产的将来值只用到资产价格的现在值。这种资产价格的马尔可夫性质与市场的弱有效形式相一致，后者假设资产价格的现值已经反映了过去价格中的所有信息且与达到目前价格的资产所走过的具体路径是不相关的。如果与过去的历史的确是相关的，那么投资者会遵循路径的变化规律去了解资产价格，那么组合的效用也就消失了。

1.3.1　正态和对数正态分布

后面章节将讨论 Black-Scholes 期权定价模型，我们假设标的资产遵循几何布朗随机过程（这是一个特殊的马尔可夫过程），在讨论几何布朗模型之前，给出正态和对数正态分布的性质具有启发意义。

均值为 μ，方差为 σ^2 的正态分布随机变量 x 的密度函数为

$$f(x)=\frac{1}{\sqrt{2\pi}\sigma}\exp\left[-\frac{(x-\mu)^2}{2\sigma^2}\right] \tag{1-1}$$

如果正态变量的均值为 0，方差为 1，则称为标准正态随机变量，它的密度和分布函数分别用 $n(x)$ 和 $N(x)$ 表示，这里

$$n(x)=\frac{1}{\sqrt{2\pi}}\exp\left[-\frac{x^2}{2}\right] \tag{1-2}$$

$$N(x)=\frac{1}{\sqrt{2\pi}}\int_{-\infty}^{x}\exp\left(-\frac{t^2}{2}\right)\mathrm{d}t \tag{1-3}$$

根据概率论与数理统计知识可知：N 个相互独立的正态分布变量 $X_i(i=1,2,\cdots,N)$ 的和也是正态分布的。设 $Y=X_1+X_2+\cdots+X_N$，则 Y 的均值与方差分别是

$$EY=EX_1+EX_2+\cdots+EX_N$$

$$\mathrm{Var}Y=\mathrm{Var}X_1+\mathrm{Var}X_2+\cdots+\mathrm{Var}X_N$$

如果 x 是均值为 μ，方差为 σ_x^2 的正态分布随机变量，那么称 $Z=\mathrm{e}^x$ 是对数正态分布的，对数正态的分布密度函数由下式给出：

$$g(Z)=\frac{1}{\sqrt{2\pi}\sigma_x Z}\exp\left[-\frac{(\ln Z-\mu_x)^2}{2\sigma_x^2}\right] \tag{1-4}$$

Z 的截断均值定义为 $E(Z:Z>a)$，在后面的定价模型中经常出现。

$$E(Z:Z>a)=\int_a^{+\infty}Zg(Z)\mathrm{d}Z$$

$$=\int_{\ln a}^{+\infty}\frac{\mathrm{e}^x}{\sqrt{2\pi}\sigma_x}\exp\left[-\frac{(x-\mu_x)^2}{2\sigma_x^2}\right]\mathrm{d}x$$

$$=\int_{\ln a}^{+\infty}\frac{1}{\sqrt{2\pi}\sigma_x}\exp\left\{-\frac{[x-(\mu_x+\sigma_x^2)]^2-2\mu_x\sigma_x^2-\sigma_x^4}{2\sigma_x^2}\right\}\mathrm{d}x$$

$$=\exp\left(\mu_x+\frac{\sigma_x^2}{2}\right)\int_{\ln a}^{+\infty}\frac{1}{\sigma_x}n\left[\frac{x-(\mu_x+\sigma_x^2)}{\sigma_x}\right]\mathrm{d}x$$

$$=\exp\left(\mu_x+\frac{\sigma_x^2}{2}\right)N\left(\frac{\mu_x-\ln a}{\sigma_x}+\sigma_x\right) \tag{1-5}$$

当 $a \to 0$ 时,截断均值成为普通的均值。对数正态变量 Z 的均值为

$$\mu_Z = \exp\left(\mu_x + \frac{\sigma_x^2}{2} \right) \tag{1-6}$$

Z 的方差为

$$\sigma_Z^2 = \int_0^{+\infty} Z^2 g(Z) \mathrm{d}Z - \mu_Z^2$$

$$= \int_{-\infty}^{+\infty} \frac{1}{\sqrt{2\pi}\sigma_x} \exp\left\{ - \frac{[x - (\mu_x + 2\sigma_x^2)]^2 - 4\mu_x\sigma_x^2 - 4\sigma_x^4}{2\sigma_x^2} \right\} \mathrm{d}x - \mu_Z^2$$

$$= \exp(2\mu_x + \sigma_x^2)[\exp(\sigma_x^2) - 1] \tag{1-7}$$

1.3.2 随机行走模型与布朗运动

首先,我们描述无限制的一维离散随机行走并考虑其极限——它导出连续布朗运动。假设一个粒子从 x 轴的原点出发,或者向左或者向右移动相同的长度 δ。我们定义 x_i 为当粒子在第 i 次向左或向右运动时取值为 δ 或 $-\delta$ 的随机变量。假定向左与向右移动的概率是稳定的,即这些概率在所有时间都是一样的,那么我们可以把这些概率记为

$$P_r(x_i = \delta) = p, Q_r(x_i = -\delta) = q$$

这里 $p + q = 1$,p 与 q 是与 i 无关的。各次移动(跳跃)是相互独立的,因此随机变量 x_i 是相互独立的。

定义随机变量

$$X_n = x_1 + x_2 + \cdots + x_n$$

它给出了粒子在第 n 步后所处的位置。x_i 的期望值是

$$E x_i = \delta p - \delta q = (p - q)\delta, i = 1, 2, \cdots, n$$

由于诸 x_i 是独立的,我们有

$$E X_n = E\left(\sum_{i=1}^n x_i \right) = \sum_{i=1}^n E x_i = (p - q)\delta n$$

x_i 的方差是

$$\mathrm{Var}(x_i) = [\delta^2 p + (-\delta)^2 q] - (E x_i)^2$$

$$= \delta^2 - (p-q)^2\delta^2 = 4pq\delta^2$$

可以得到

$$\text{Var}(X_n) = 4pq\delta^2 n \tag{1-8}$$

接下来,我们在上面离散模型中令步长趋于无穷小求极限来得到连续的一维布朗运动。假设单位时间内有 r 次碰撞,那么粒子单位时间内的平均位移 μ 是 $(p-q)\delta r$,而单位时间内围绕平均位置的位移的方差 σ^2 是 $4pq\delta^2 r$。设 $\lambda = \dfrac{1}{r}$,它是两次碰撞之间的时间长度。再用 $\mu(x,t)$ 表示粒子在时间 t 位于点 x 处的概率。在连续极限情况下,取 $\delta \to 0$ 与 $n\lambda = t$,从而

$$\mu(x,t) = P_r(X_n = x), t = n\lambda$$

该概率函数满足递推关系

$$\mu(x,t+\lambda) = pu(x-\delta,t) + qu(x+\delta,t)$$

可得偏微分方程:

$$\frac{\partial \mu}{\partial t} = -\mu\frac{\partial \mu}{\partial x} + \frac{\sigma^2}{2}\frac{\partial^2 \mu}{\partial x^2} \tag{1-9}$$

由于均值为 μt,方差为 $\sigma^2 t$ 的正态随机变量的概率密度函数为

$$f(x,t) = \frac{1}{\sqrt{2\pi\sigma^2 t}}\exp\left[-\frac{(x-\mu t)^2}{2\sigma^2 t}\right] \tag{1-10}$$

式(1-10)是式(1-9)的基本解,$f(x,t)$ 满足初值问题

$$\frac{\partial \mu}{\partial t} + \mu\frac{\partial \mu}{\partial x} - \frac{\sigma^2}{2}\frac{\partial^2 \mu}{\partial x^2} = 0, \quad -\infty < x < +\infty, t > 0$$

$$\mu(x,0^+) = \delta(x) \tag{1-11}$$

式中,$\mu(x,0^+)$ 为 $\lim\limits_{t\to 0^+}\mu(x,t)$ 的符号表示;$\delta(x)$ 为 Dirac 函数。

带漂移的布朗运动是具有下列性质的随机过程 $\{x(t),t\geqslant 0\}$:

①任何增量 $X(t+s) - X(s)$ 都是均值为 μt、方差为 $\sigma^2 t$ 的正态分布变量,μ 和 σ^2 是确定的参数。

②增量 $X(t_2) - X(t_1),\cdots,X(t_n) - X(t_{n-1})$ 是相互独立的随机变量。

③$X(0) = 0, t_1 < t_2 < \cdots < t_n$ 且样本路径 $X(t)$ 是连续的。

当 $u = 0$ 和 $\sigma^2 = 1$ 时,对应的布朗运动称为标准布朗运动(或标准 Wiener 过程)。标

准 Wiener 过程 $\{Z(t):t \geqslant 0\}$ 的概率分布是

$$P_r(Z(t) \leqslant Z \mid Z(t_0) = Z_0)$$

$$= P_r[Z(t) - Z(t_0) \leqslant Z - Z_0]$$

$$= \frac{1}{\sqrt{2\pi(t-t_0)}} \int_{-\infty}^{Z-Z_0} \exp\left[-\frac{s^2}{2(t-t_0)}\right] ds \qquad (1\text{-}12)$$

1.3.3 几何布朗运动

设 $X(t)$ 是漂移参数 μ 和方差参数为 σ^2 的布朗运动,由

$$Y(t) = \exp[X(t)], t \geqslant 0$$

定义的随机过程称为几何布朗运动。明显地,Y 的取值是非负的,$Y(t)$ 的均值为

$$E[Y(t) \mid Y(0) = y_0] = y_0 \exp\left(\mu t + \frac{\sigma^2 t}{2}\right)$$

$Y(t)$ 的方差为

$$\mathrm{Var}[Y(t) \mid Y(0) = y_0] = y_0^2 \exp(2\mu t + \sigma^2 t)[\exp(\sigma^2 t) - 1]$$

我们称 $Y(t)$ 为对数正态分布,$Y(t)$ 的概率密度函数是

$$g(y) = \frac{1}{y\sigma\sqrt{2\pi t}} \exp\left[-\frac{(\ln y - \mu t)^2}{2\sigma^2 t}\right], y > 0 \qquad (1\text{-}13)$$

1.3.4 随机积分和 Ito 引理

用 $z(t)$ 表示无漂移的标准布朗运动,即 $u = 0$ 和 $\sigma^2 = 1$。设 Δz 表示时间改变 Δt 后 Δz 的改变量,

$$\Delta z(t) = z(t + \Delta t) - z(t) = \bar{x}\sqrt{\Delta t} \qquad (1\text{-}14)$$

这里 $\bar{x}$ 是标准正态随机变量。当 $\Delta t \rightarrow 0$ 时,上面的关系可表达成微分形式:

$$dz(t) = \bar{x}\sqrt{dt}$$

一般的 Wiener 过程可以写成下面的随机微分形式：

$$\mathrm{d}x(t) = \mu \mathrm{d}t + \sigma \mathrm{d}z(t)$$

式中，μ 是过程的漂移率；σ 是波动率。

1.3.4.1 Ito 引理

设 $u(X, t)$ 是连续的、有连续偏导数的非随机函数，$X(t)$ 是由下式定义的随机过程

$$\mathrm{d}X(t) = a(X, t)\mathrm{d}t + b(X, t)\mathrm{d}z(t) \tag{1-15}$$

式中，$\mathrm{d}z(t)$ 是标准 Wiener 过程。

那么随机过程 $y(t) = u[X(t), t]$ 有下面形式的随机微分：

$$\mathrm{d}y(t) = \left[\frac{\partial u}{\partial t} + a(X, t)\frac{\partial u}{\partial X} + \frac{1}{2}b^2(X, t)\frac{\partial^2 u}{\partial X^2}\right]\mathrm{d}t + b(X, t)\frac{\partial u}{\partial t}\mathrm{d}z(t) \tag{1-16}$$

1.3.4.2 资产价格动力学随机模型

资产价格动力学的一般假设是资产价格的对数服从 Wiener 过程，即资产价格遵循几何布朗运动。该假设隐含下面两点：

①价格比的分布和当前价格水平独立。

②价格比之间是独立的。

假设资产价格动态为

$$\frac{\mathrm{d}S}{S} = \rho \mathrm{d}t + \sigma \mathrm{d}Z \tag{1-17}$$

式中，ρ 是价格比的期望收益；σ 是价格过程的波动率。定义 $G = \ln S$，由 Ito 引理得

$$\mathrm{d}G = \frac{\partial G}{\partial t}\mathrm{d}t + \frac{\partial G}{\partial S}\mathrm{d}S + \frac{\sigma^2}{2}S^2\frac{\partial^2 G}{\partial S^2}\mathrm{d}t$$

$$= \left(\rho - \frac{\sigma^2}{2}\right)\mathrm{d}t + \sigma \mathrm{d}Z \tag{1-18}$$

故 $G = \ln S$ 是漂移率为 $\rho - \dfrac{\sigma^2}{2}$、波动率为 σ 的布朗过程。

用 S_t 和 S_T 分别表示当前时刻 t 和后来时刻 T 的资产价，那么

$$\ln S_T - \ln S_t = \ln \frac{S_T}{S_t} \tag{1-19}$$

是均值为 $\left(\rho - \dfrac{\sigma^2}{2}\right)(T-t)$、方差为 $\sigma^2(T-t)$ 的正态分布。

可得 S_T/S_t 的期望和方差为

$$E\left(\frac{S_T}{S_t}\,\Big|\,S_t\right) = \exp\left[\left(\rho - \frac{\sigma^2}{2}\right)(T-t) + \frac{\sigma^2}{2}(T-t)\right] = \exp[\rho(T-t)] \qquad (1\text{-}20)$$

$$\mathrm{Var}\left(\frac{S_T}{S_t}\,\Big|\,S_t\right) = \exp[2\rho(T-t)]\{\exp[\sigma^2(T-t)]-1\} \qquad (1\text{-}21)$$

2 单资产欧式期权定价模型

2.1 期权定价的 Black-Scholes 模型

目前,世界上用得最广泛的期权定价模型有两种,这两种模型都是针对欧式期权的。不同定价模型之间的区别主要是对标的资产价格随时间发生变化的假设不同,第一个模型假定标的资产价格的变化满足二项式分布,因而该模型被称为二项式期权定价公式;第二个模型假定标的资产价格变化满足对数正态分布,即 Black-Scholes 模型。Black-Scholes 模型最直观和最基本的思想是:在不存在无风险套利机会的有效市场中,任何具有零市场风险的组合的期望收益率必然等于无风险利率。

对 Black-Scholes 模型的分析采用以下市场假设:

①标的资产价格遵循几何布朗运动。

②允许买空标的资产。

③在买卖资产和期权的交易中没有交易费用和税收,所有资产都是完全可分的。

④在期权有效期内资产没有红利支持。

⑤不存在无风险套利机会。

⑥交易可连续进行。

⑦在期权有效期内,无风险利率 r 是常数。

根据假设,标的资产价格 S_t 遵循几何布朗运动:

$$\mathrm{d}S_t = S_t(\mu\,\mathrm{d}t + \sigma\,\mathrm{d}W_t)$$

式中,常数 μ、σ 分别为瞬时漂移率和瞬时波动率;W_t 为带 σ-代数流的概率空间 $[\Omega, F, (F_t)_{t\geqslant 0}, P]$ 上的标准布朗运动(也称 Wiener 过程)。

构造一个包含一单位欧式买入期权的空头和 Δ 单位标的资产多头的组合 π，$\pi = -C_t + \Delta S_t$。由于期权价格 $C_t = C(S_t, t)$ 是标的资产价格 S_t 和时间 t 的函数，由 Ito 引理可得在 $\mathrm{d}t$ 时间内

$$\mathrm{d}C_t = \frac{\partial C_t}{\partial t}\mathrm{d}t + \frac{\partial C_t}{\partial S_t}\mathrm{d}S_t + \frac{\sigma^2}{2}S_t^2\frac{\partial^2 C_t}{\partial S_t^2}\mathrm{d}t \tag{2-1}$$

$$\mathrm{d}\pi = -\mathrm{d}C_t + \Delta\mathrm{d}S_t = \left(-\frac{\partial C_t}{\partial t} - \frac{\sigma^2}{2}S_t^2\frac{\partial^2 C_t}{\partial S_t^2}\right)\mathrm{d}t + \left(\Delta - \frac{\partial C_t}{\partial S_t}\right)\mathrm{d}S_t$$

若令 $\Delta = \dfrac{\partial C_t}{\partial S_t}$，则组合 π 成为无风险组合，因此必然获取无风险回报 $\mathrm{d}\pi = r\pi\mathrm{d}t$，从而有

$$\frac{\partial C_t}{\partial t} + \frac{1}{2}\sigma^2 S_t^2\frac{\partial^2 C_t}{\partial S_t^2} + rS_t\frac{\partial C_t}{\partial S_t} - rC_t = 0 \tag{2-2}$$

此即 Black-Scholes 偏微分方程。该方程不包含任何受投资者风险偏好影响的变量。故在对期权进行定价时，可以使用任何一种风险偏好。为简单起见，假设所有投资者都是风险中性的，在风险中性世界里，期权和资产的期望收益率皆为无风险利率 r。获得的方程解对于所有世界都有效，而不仅仅是对于风险中性世界。当我们从风险中性世界进入风险厌恶世界时会发生两件事情：股票价格的期望增长率改变了；在衍生证券任何损益中所有的贴现率改变了。然而这两件事情的效果总是正好相互抵消的。

对于资产以常数比例支付连续红利时的欧式买入期权价格公式，只需对公式作简单的修正即可。用 q 表示连续的红利率，即持有者在区间 $\mathrm{d}t$ 内收到的红利为 $qS_t\mathrm{d}t$，其中 S_t 是资产价格。因为资产价格下降的量与红利相等，故在几何布朗运动基础上的资产价格动态方程可以写为

$$\frac{\mathrm{d}S_t}{S_t} = (\mu - q)\mathrm{d}t + \sigma\mathrm{d}W_t$$

此时得到修正的 Black-Scholes 方程：

$$\frac{\partial C_t}{\partial t} + \frac{1}{2}\sigma^2 S_t^2\frac{\partial^2 C_t}{\partial S_t^2} + (r-q)S_t\frac{\partial C_t}{\partial S_t} - rC_t = 0 \tag{2-3}$$

可以把连续分红模型应用到外币期权上，即把外币的利率 r_f 看成相应的红利率，从而对外币买入期权定价时，只需在式(2-3)中取 $q = r_\mathrm{f}$。

为完成期权定价公式的推导，还要给出欧式买入期权满足的边界条件（即衍生产品的到期收益）。欧式买入期权的到期收益为 $C_T = \max(S_T - K, 0)$，而欧式卖出期权的到期收益则是 $P_T = \max(K - S_T, 0)$，这里 S_T 表示 T 时的标的资产价格，K 表示期权执行价

格。通过解式(2-2)，可得 Black-Scholes 期权定价公式：

$$C_t = S_t N(d_1) - K e^{-r(T-t)} N(d_2) \tag{2-4}$$

式中，$d_1 = \dfrac{\ln(S_t/K) + (r + \sigma^2/2)(T-t)}{\sigma\sqrt{T-t}}$；$d_2 = d_1 - \sigma\sqrt{T-t}$；$N(\cdot)$ 为标准正态分布的累积分布函数。

　　求解偏微分方程的过程很烦琐且很困难，在很多情况下甚至无法得到封闭解。Cox 和 Ross(1976)与 Harrison 和 Kreps(1997)介绍了另一种求解衍生产品定价的鞅方法。在此定价方法下，一种证券(或衍生产品)的价格可经由折现该证券未来期望到期收益，且期望值折现可在风险中立下进行。鞅定价方法比偏微分方程简单，许多偏微分方程很难求解的问题，经由鞅定价方法都可迎刃而解。下面介绍鞅定价方法，并证明两种方法的等价性。

　　设常数 r 为市场无风险利率，$(B_t)_{t \geqslant 0}$ 为货币市场账户的价格过程，其满足

$$\mathrm{d}B_t = rB_t\mathrm{d}t，(0 \leqslant t \leqslant T)，B_T = B_t e^{r(T-t)}，B_0 = 1$$

　　定义一个与 P 等价的鞅测度 Q，其满足

$$\frac{\mathrm{d}Q}{\mathrm{d}P} = \exp\left(-\gamma W_T - \frac{1}{2}\mid\gamma\mid^2 T\right) = \xi_T$$

式中，$\gamma = \dfrac{\mu - r}{\sigma}$（$\gamma$ 称为资产风险的市场价格）。

　　$\mid\gamma\mid$ 表示 γ 的模，则

$$E_P[\xi_T] = 1，E_P[\xi_T \mid F_t] = \xi_t，(0 \leqslant t \leqslant T)$$

式中，$E_P[\cdot]$、$E_P[\cdot \mid F_t]$ 分别为测度 P 下的期望和条件期望。

　　由 Girsanov 定理得到鞅测度下的 S_t，它满足

$$\mathrm{d}S_t = S_t(r\mathrm{d}t + \sigma\mathrm{d}\widetilde{W}_t) \tag{2-5}$$

式中，$\widetilde{W}_t = W_t + \gamma t$，是某概率空间 (Ω, F, Q) 上标准的布朗运动，$[\Omega, F, (\widetilde{F}_t)_{t \geqslant 0}, Q]$ 是相应的带自然 σ- 代数流的概率空间，$\widetilde{F}_t = \sigma(\widetilde{W}_s, 0 \leqslant s \leqslant t) = F_t$。

　　式(2-5)的 Doleans-Dade 解为

$$S_T = S_t \exp\left\{\left(r - \frac{\sigma^2}{2}\right)(T-t) + \sigma(\widetilde{W}_T - \widetilde{W}_t)\right\} \tag{2-6}$$

且 $E_Q[e^{-rT}S_T \mid F_t] = e^{-rt}S_t$，$E_Q[\cdot \mid F_t]$ 为风险中性测度 Q 下的条件期望。

　　根据风险中性定价原理，在 Black-Scholes 环境下，T 时到期，执行价格为 K 的欧式

看涨期权在 t 时的价格 C_t 为

$$C_t = B_t E_Q \big[B_T^{-1} \max(S_T - K, 0) \mid F_t \big] = \mathrm{e}^{-r(T-t)} E_Q \big[\max(S_T - K, 0) \mid F_t \big] \quad (2\text{-}7)$$

对上式右边求值是一种积分过程,结果为 $C_t = S_t N(d_1) - K \mathrm{e}^{-r(T-t)} N(d_2)$,与式(2-4)相同。

事实上,在推导期权的价格公式中偏微分方程法和鞅定价方法二者是一致的。以欧式买入期权为例,设 $C_t = C(S_t, t)$,则

$$\mathrm{d}(\mathrm{e}^{-rt} C_t) = \mathrm{e}^{-rt} \mathrm{d} C_t + C_t \mathrm{d}(\mathrm{e}^{-rt})$$

将 $\mathrm{d} S_t = S_t(\mu \mathrm{d}t + \sigma \mathrm{d} W_t)$ 及式(2-1)代入上式,由 Ito 引理得

$$\mathrm{d}(\mathrm{e}^{-rt} C_t) = \mathrm{e}^{-rt} \left[\left(\frac{\partial C_t}{\partial t} + \frac{\sigma^2}{2} S_t^2 \frac{\partial^2 C_t}{\partial S_t^2} + \mu S_t \frac{\partial C_t}{\partial S_t} - r C_t \right) \mathrm{d}t + \frac{\partial C_t}{\partial S_t} \sigma S_t \mathrm{d} W_t \right]$$

运用测度变换,取 $\mathrm{d} \widetilde{W}_t = \mathrm{d} W_t + \gamma \mathrm{d}t$,$\gamma = \dfrac{\mu - r}{\sigma}$,可得

$$\mathrm{d}(\mathrm{e}^{-rt} C_t) = \mathrm{e}^{-rt} \left[\left(\frac{\partial C_t}{\partial t} + \frac{\sigma^2}{2} S_t^2 \frac{\partial^2 C_t}{\partial S_t^2} + r S_t \frac{\partial C_t}{\partial S_t} - r C_t \right) \mathrm{d}t + \frac{\partial C_t}{\partial S_t} \sigma S_t \mathrm{d} \widetilde{W}_t \right]$$

故 $\mathrm{e}^{-rt} C(S_t, t)$ 为鞅的充要条件是上式的漂移项为 0,即

$$\frac{\partial C_t}{\partial t} + \frac{\sigma^2}{2} S_t^2 \frac{\partial^2 C_t}{\partial S_t^2} + r S_t \frac{\partial C_t}{\partial S_t} - r C_t = 0 \quad (2\text{-}8)$$

因此,$C_t = \mathrm{e}^{-r(T-t)} E_Q [C_T \mid F_t]$ 成立的充要条件是 Black-Scholes 方程成立。

2.2　信用风险定价的结构模型

结构模型最基本的思想是由 Merton 在 1974 年提出的。它将公司债务作为公司资产的未定权益。在这里,公司资产的全部价值是最基本的状态变量。Merton 结构模型假设一个公司的唯一负责是承诺在某个时期支付 K,可以将这个要求权理解为一个零息债券。

Merton 结构模型依赖于很多假设,主要包括:

①市场没有摩擦,没有交易费用和税收,资产完全可分,且可以连续交易。没有对卖空的限制。不存在买卖价差,借款利率等于贷款利率。

②在公司资产负债表的负债方,为公司总价值融资的是股权 E 和一个零息的债务合

约 D，该债务合约的到期日为 T，面值为 K，即有

$$V_t = D_t + E_t$$

式中，V_t 表示 t 时刻公司资产的全部价值；D_t 表示 t 时刻公司债务的价值；E_t 表示 t 时刻公司权益的价值。

③不能违反关于优先权的原则。股东只有在债权人获得全部偿付之后，才能得到正的支付。

④初始假设公司没有违约，并且在债务合约的有效期内，既没有任何现金支付，也没有任何类型的其他证券的发行，且破产成本等于 0。

对于这样的市场，我们用概率空间 $[(\Omega, F, (F_t)_{t \geq 0}, Q]$ 来表示，它具有过滤 $F = (F_t)_{t \geq 0}$ 的功能，每个 $t \geq 0$，F_t 表示直到时间 t 的全部市场信息，Q 是风险中性概率测度。并且，我们约定：B_t 表示存款账户在 t 时刻的价值；$p(t, T)$ 表示单位面值、T 时刻到期的无违约风险债券在 t 时刻的价值；$p^d(t, T)$ 表示 T 时刻到期的可违约零息债券在 t 时刻的价格。

当无风险利率为常数且等于 r 时，

$$p(t, T) = e^{-r(T-t)}, B_t = e^{rt}$$

当无风险利率为确定性的函数时，

$$p(t, T) = \exp\left[-\int_t^T r(u) du\right]$$

$$B_t = \exp\left[\int_0^t r(u) du\right]$$

设公司价值过程 V 在风险中性概率测度 Q 下服从几何布朗运动：

$$dV_t = V_t(r dt + \sigma_V dW_t)$$

式中，σ_V 是价值过程 V 的波动率；过程 W 是在风险中性概率测度 Q 下的一维布朗运动。

在 Merton 结构模型中，违约清算仅可能发生在债务到期日。随机违约时间 τ 由下式表示：

$$\tau = \begin{cases} T & (V_T < K) \\ \infty & (V_T \geq K) \end{cases}$$

并且可以定义指标函数如下:

$$I_{\{\tau=T\}} = \begin{cases} 1 & (\tau = T \Leftrightarrow V_T < K) \\ 0 & (\tau = \infty \Leftrightarrow V_T \geqslant K) \end{cases}$$

因此,可违约权益在 T 时刻的期终支付可以表示为

$$X^d(T) = KI_{\{\tau=\infty\}} + V_T I_{\{\tau=T\}}$$

$$= KI_{\{V_T \geqslant K\}} + V_T I_{\{V_T < K\}}$$

或等价地,

$$X^d(T) = \min(V_T, K) I_{\{V_T \geqslant K\}} + \min(V_T, K) I_{\{V_T < K\}}$$

$$= \min(V_T, K)$$

$$= K - \max(0, K - V_T)$$

相应地,T 时刻股权 E_T 的价值可以表示为

$$E_T = V_T - \min(V_T, K)$$

$$= \max(0, V_T - K)$$

这样,公司权益可看成以公司资产为标的的欧式买权。

进一步,我们可以看到,在风险中性测度下,可违约零息债券的价格过程可以表示为

$$p^d(t, T) = B_t E^Q[B_T^{-1} X^d(T) \mid F_t]$$

$$= B_t E^Q\{B_T^{-1}[K - \max(0, K - V_T)] \mid F_t\}$$

$$= B_t E^Q[B_T^{-1} K \mid F_t] - B_t E^Q[B_T^{-1} \max(0, K - V_T) \mid F_t]$$

$$= p(t, T) - B_t E^Q[B_T^{-1} \max(0, K - V_T) \mid F_t]$$

因此,可以看出,可违约零息债券的价格过程 $p^d(t, T)$ 可表示成面值为 K 的无违约零息债券价值和以公司资产为标的物、执行价为 K、到期日为 T 的欧式卖权的价值之差。根据欧式卖权的价格公式,可以将上式写成

$$p^d(t, T) = p(t, T) - K e^{-r(T-t)} N(-d + \sigma_V \sqrt{T-t}) + V_t N(-d)$$

式中,$d = \dfrac{\ln\left(\dfrac{V_t}{K}\right) + \left(r + \dfrac{\sigma_V^2}{2}\right)(T-t)}{\sigma_V \sqrt{T-t}}$。

由于有 $p(t,T)=p(T,T)e^{-r(T-t)}=Ke^{-r(T-t)}$，且 $1-N(d)=N(-d)$，故可将上式写成

$$p^d(t,T)=p(t,T)N(d-\sigma_V\sqrt{T-t})+V_tN(-d)$$

式中，$d=\dfrac{\ln\left[\dfrac{V_t}{p(t,T)}\right]+\dfrac{\sigma_V^2}{2}(T-t)}{\sigma_V\sqrt{T-t}}$。

设 $\Gamma=p(t,T)^{-1}V_t$，有

$$p^d(t,T)=p(t,T)[N(d-\sigma_V\sqrt{T-t})+\Gamma N(-d)]$$

式中，$d=\dfrac{\ln\Gamma+\dfrac{\sigma_V^2}{2}(T-t)}{\sigma_V\sqrt{T-t}}$。

因为债务的价值是基于无风险债务计算出来的，所以 Γ 仅仅是遐想的，而非真实的资产负债率。虽然如此，但是从公式中依然可以推测出信用风险的大小，因为高的资产负债率隐含了高的信用风险。

并且，由于 $p(t,T)=e^{-r(T-t)}$，且 $p^d(t,T)=e^{-r^d(T-t)}$，所以可以知道风险债券的信用利差为

$$r^d-r=-\frac{1}{T-t}\ln\frac{p^d(t,T)}{p(t,T)}$$

$$=-\frac{\ln[N(d-\sigma_V\sqrt{T-t})+\Gamma N(-d)]}{T-t}$$

由以上的分析可知，结构模型拥有的一个共同的性质就是违约事件的可预知性，由这个性质得到的必然结果就是短期债券的信用利差为零。而且由此模型预测的债券价格将连续收敛到它的挽回价值（recovery values）。这些与实际观察到的短期债券利差为正，在企业破产的时候其债券价格将发生跳跃的现象都不一致。究其原因，是由于在结构模型中企业资产价值和违约值都是可以观察到的已知信息。这样投资者可以准确知道企业到违约的真实距离，就可以准确预知企业何时违约，违约就不再是一个突发事件，因此短期债券投资人也就不愿意支付额外的违约风险补偿。

近年的大量研究侧重于通过修正传统的结构模型的基本假定来避免这个违约事件可预知的问题。周（ZHOU，1997，2021）试图通过考虑企业资产价值的突升（jump）来解释对短期时限风险的低估，研究了在资产价值服从一种跳跃—扩散过程下的信用利差。Giesecke（2002）则通过假定投资人只有关于企业资产价值和违约值的不完全信息，使得违约变成不可预知的突发事件。不管是考虑企业资产价值的突升还是不完全信息，都使

传统的结构模型更加接近现实。本书的第 4 章将利用本节介绍的方法给出多种期权的
定价。

2.3 Merton 的跳跃扩散模型

Black-Scholes 期权定价公式是在假定股票价格遵循几何布朗运动的基础上而得到
的,这个假设隐含了股票价格的路径是连续的这个信息。这种连续性允许我们构造一个
包含资产期权的瞬时性风险对冲的组合,从而为期权的定价提供一个出发点。但在实际
中碰到的资产价格的路径往往是不连续的。另外,实证研究发现,收益率的分布曲线表现
出显著的胖尾和偏斜现象,这是连续型几何布朗运动不能完全解释的。Merton(1974)首
次引入跳跃扩散(jump diffusion)模型来对风险进行建模。这个模型中,Merton 用标准
的几何布朗运动来描述标的资产价格运动的连续部分;用 Poisson 过程来描述标的资产
价格的跳跃部分;用对数正态分布来刻画标的资产跳跃幅度的大小,即假定标的资产价格
所遵循的过程为

$$\frac{\mathrm{d}S_t}{S_t} = (\mu - \lambda k)\mathrm{d}t + \sigma \mathrm{d}\omega + (\gamma - 1)\mathrm{d}q$$

式中,μ 表示标的资产的瞬时期望收益率;σ 为 Poisson 事件没有发生的条件下资产价格
的瞬时波动率;$\mathrm{d}\omega$ 为标准的布朗运动,$\mathrm{d}\omega$ 和 $\mathrm{d}q$ 相互独立;q 为独立的 Poisson 过程;λ
为此 Poisson 过程的强度;$(\gamma - 1)$ 为 Poisson 事件发生时标的资产价格的百分比变化的
随机变量;k 为跳跃的漂移修正项。

另外,他还假定跳跃风险不是系统风险,不带来风险回报,因而跳跃风险的市场价格
为零。

在 Merton(1974)这篇文章中,他仍然用 Ito 引理获得了标的资产遵循 Poisson 过程
的期权定价方程,并在假定跳跃风险不是系统风险以及跳跃幅度服从对数正态分布的条
件下得到了欧氏期权定价公式 [$(\gamma - 1)$ 服从 $N(\mu, \theta^2)$]:

$$F(S_t, T) = \sum_{n=0}^{\infty} \frac{\mathrm{e}^{-\lambda' T} (\lambda' T)^n}{n!} f_n(S_t, T)$$

式中,$\lambda' = \lambda \left(\mathrm{e}^{\mu + \frac{\theta^2}{2}} \right)$。

这里 $f_n(S_t, T)$ 是普通买入期权的价格公式,即

$$f_n(S_t, T) = S_t N(d_1) - K \mathrm{e}^{-r(T-t)} N(d_2)$$

式中，$d_1 = \dfrac{\ln(S_t/K) + (r_n + \sigma_n^2/2)(T-t)}{\sigma_n \sqrt{T-t}}$；$d_2 = d_1 - \sigma_n \sqrt{T-t}$；$N(\cdot)$ 为标准正态分

布的累积分布函数；$r_n = r + \dfrac{n\left(\mu + \dfrac{\theta^2}{2}\right)}{T-t} - \lambda\left(e^{\mu + \frac{\theta^2}{2}}\right)$；$\sigma_n^2 = \sigma^2 + \dfrac{n\theta^2}{T-t}$。

本章的第 4 节将借鉴 Merton 的跳跃扩散模型的思想，根据中国股市的具体情况，用含有 Poisson 过程的 Ito-Skorohod 随机微分方程（stochastic differential equation，SDE）描述股票价格的运动，利用鞅定价技巧（风险中性方法）推导出考虑涨跌停规则的跳跃扩散的股票期权在 t 时刻的价格公式，并利用随机模拟和中心极限定理讨论如何具体计算股票期权的价格。

2.4　跳跃扩散模型方法在中国证券市场的应用

2.4.1　模型分析

许多金融资产收益的经验分布曲线表现出明显的偏斜性和胖尾现象，这与传统的模型——资产价格服从几何布朗运动有较大的偏差，该偏差自然会影响各种期权的定价。对此，Merton（1974）首先引入跳跃扩散过程，用考虑偶发事件冲击的跳跃扩散过程描述资产价格，这样可以解释偏斜性和胖尾现象。众多学者对此模型做了深入的研究。但是我们注意到 Merton 的模型中的跳跃幅度可以是无穷大的，而中国的个股一天当中最多只能涨 10%，最多也只能跌 10%。针对中国股市的实际情况，本节把个股涨跌停当成跳跃发生，其他情况下的变动视为 Wiener 型波动，从而建立起一个研究股票价格真实变动的跳跃扩散模型，然后利用鞅定价技巧（风险中性方法）推导出考虑涨跌停规则的跳跃扩散的股票期权在 t 时刻的价格公式，并利用随机模拟和中心极限定理讨论如何具体计算股票期权的价格。

2.4.1.1　中国股票涨跌停

股票在交易市场上作为交易对象，同其他商品一样，也有自己的市场行情和市场价格。股票价格的高低不仅与公司的经营状况和盈利水平密切相关，也与市场利率紧密相连。此外，股票价格还会受到国内外经济、政治、社会以及投资者心理和一些突发性重大事件等诸多因素的影响。从这点上看，股票价格的变动又与一般商品的市场价格变动不

尽相同,大起大落是它的基本特征。因此,为了减少股市交易的投机行为,规定每只股票每个交易日的涨跌幅度,达到上涨上限幅度的叫涨停,落到下跌下限幅度的叫跌停。在中国证券交易所,每个交易日涨跌限幅为 10%。对于科创板和北交所的股票,规定每只股票每个交易日分别可以有 20% 和 30% 的涨跌幅限制(本章暂不考虑);对于特别处理的ST 股票,规定每只股票每个交易日只能有 5% 的涨跌幅限制(本章暂不考虑);对于一些特殊情况(如新股发行当日或股票停牌后复牌的当日等),不作涨跌停的限制(本章亦不考虑)。

2.4.1.2　模型的假设

假设 $[\Omega, F, (F_t)_{t \geq 0}, P]$ 为一完备的概率空间,$(F_t)_{t \geq 0}$ 为其上的对 t 递增的 σ-域。假定对随机变量的所有叙述几乎处处成立或者几乎必然成立,$E\langle X \mid F_t \rangle$ 表示随机变量 X 关于到时间 t 为止可获得信息的条件期望。

考虑某个概率空间 $[\Omega, F, (F_t)_{t \geq 0}, P]$ 上的标准布朗运动 W_t,若 S_t 表示标的资产在 t 时刻的市场价格,则 S_t 满足下面的随机微分方程:

$$dS_t = S_t \big[(\mu_S dt + \sigma_S dW_t) + (J-1) d\pi_t \big] \tag{2-9}$$

式中,μ_S 和 σ_S 分别表示资产价格的(瞬时)期望收益率和波动率,它们都是常数且 $\sigma_S > 0$。$d\pi_t$ 是一个 Poisson 随机变量,在跳跃发生时概率 λdt 取值 1,在跳跃不发生时概率 $1-\lambda dt$ 取值 0,λ 是单位时间内发生跳跃的平均次数(常数)。$\ln J$ 是由跳跃源引起的 $S(t)$ 在 t 时刻发生跳跃的跳跃幅度,其服从一个三点分布。当所研究的股票涨停时概率 p_1 取值 10%;当所研究的股票跌停时概率 p_2 取值 -10%;其他情况下概率 $(1-p_1-p_2)$ 取值 0。若选定具体的一只股票和一确定的时间段作为研究对象,则 p_1 和 p_2 可用统计方法求得。

显然式(2-9)中的随机过程由两部分组成:一部分是一个连续样本路径过程或者由 $S_t(\mu_S dt + \sigma_S dW_t)$ 给出的扩散过程;另一部分是一个不连续的样本路径过程或者由 $(J-1)S_t d\pi_t$ 给出的跳跃过程。对不连续的部分可作如下解释:在 Poisson 的随机时刻,发生一个量为 $\xi = J-1$ 的跳跃,使得资产价格从 S_t 变为 $S_t J$,这里 $J-1(\ln J)$ 服从一个三点分布(如前所述),且跳跃过程幅度 J 与 dW_t、$d\pi_t$ 相互独立,各次跳跃对应的幅度也是相互独立的。跳跃发生的频次由 Poisson 随机变量 $d\pi_t$ 决定,根据 Poisson 过程的知识,跳跃发生的间隔是独立同分布的。

利用 Ito-Skorohod 随机微分方程的知识,得到式(2-9)的解:

$$S_T = S_t \exp\big[(\mu_S - \frac{\sigma_S^2}{2})\tau + \sigma_S W_\tau + \sum_{i=0}^{\pi_\tau} \xi_i \big] \tag{2-10}$$

式中,$\xi_i (i=0,1,2\cdots)$ 相互独立,且与 $\ln J$ 独立同分布;$\tau = T-t$。

2.4.2　基于涨跌停规则的股票期权定价

2.4.2.1　市场模型

为了定价衍生产品,我们要将式(2-10)转化为风险中性随机过程。用 $B(t)$ 表示市场现金账户,它满足

$$\mathrm{d}B(t) = rB(t)\mathrm{d}t,$$

$$B(0) = 1$$

式中, r 是市场无风险利率(常数)。

以 $B(t)$ 作为尺度度量标的资产价格,并假设资产收益率的跳跃部分是非系统的或可分散化的,因而在市场上不会产生额外的风险收益。由期权理论可得,若期权到期收益为

$$C_T = \max\{S_T - X, 0\}$$

$$= (S_T - X)^+$$

则该期权的到期期望收益的折现值为

$$C_t = B_t E\big[B_T^{-1}(S_T - X)^+ \mid F_t\big]$$

式中, X 表示期权的执行价; S_T 表示标的资产在到期日 T 的市场价格; E 表示风险中性期望算子。

根据风险中性可知,当 $E(\mathrm{d}S_t/S_t) = r\mathrm{d}t$ 时,股票价格是风险中性的,即

$$E(\mathrm{d}S_t/S_t) = \mu_S\mathrm{d}t + E[\ln J]\lambda\mathrm{d}t$$

$$= \mu_S\mathrm{d}t + 0.1(p_1 - p_2)\lambda\mathrm{d}t$$

$$= r\mathrm{d}t$$

解得当 $\mu_S = r - 0.1(p_1 - p_2)\lambda$ 时股票价格是风险中性的。此时式(2-10)可改写为

$$S_T = S_t \exp\left\{[r - 0.1(p_1 - p_2)\lambda - \sigma_S^2/2]\tau + \sigma_S W_\tau + \sum_{i=0}^{\pi_\tau}\xi_i\right\} \tag{2-11}$$

2.4.2.2　模型的求解

已知无风险利率 r 为常数,由风险中性定价理论可知: $B_t E[B_T^{-1} \mid F_t] = \mathrm{e}^{-r\tau}$,其中

$\tau = T - t$。 通过鞅定价技巧可得该期权在 t 时刻的价值为

$$C_t = \mathrm{e}^{-r\tau}E\big[(S_T - X)^+ \,\big|\, F_t\big]$$

$$= \mathrm{e}^{-r\tau}E\left(\left\{ S_t \mathrm{e}^{\left[r - 0.1(p_1 - p_2)\lambda - \frac{\sigma_S^2}{2}\right]\tau + \sigma_S W\tau + \sum\limits_{i=0}^{\pi_\tau}\xi_i} - X\right\}^+ \,\bigg|\, F_t\right)$$

由概率论知识可得

$$C_t = \mathrm{e}^{-r\tau}E\left[E\left(\left\{ S_t \mathrm{e}^{\left[r - 0.1(p_1 - p_2)\lambda - \frac{\sigma_S^2}{2}\right]\tau + \sigma_S W\tau + \sum\limits_{i=0}^{\pi_\tau}\xi_i} - X\right\}^+ \,\bigg|\, \pi_\tau = n\right) \,\bigg|\, F_t\right]$$

式中，$\pi_\tau = n$ 表示在时间 τ 内发生的跳跃次数为 n。

$$C_t = \sum_{n=0}^{\infty} \frac{\mathrm{e}^{-\lambda\tau}(\lambda\tau)^n}{n!} \mathrm{e}^{-r\tau}E\left(\left\{ S_t \mathrm{e}^{\left[r - 0.1(p_1 - p_2)\lambda - \frac{\sigma_S^2}{2}\right]\tau + \sigma_S W\tau + \sum\limits_{i=0}^{n}\xi_i} - X\right\}^+ \,\bigg|\, F_t\right) \triangleq \sum_{n=0}^{\infty} \frac{\mathrm{e}^{-\lambda\tau}(\lambda\tau)^n}{n!}Q_t$$

其中：

$$Q_t = \mathrm{e}^{-r\tau}E\left(\left\{ S_t \mathrm{e}^{\left[r - 0.1(p_1 - p_2)\lambda - \frac{\sigma_S^2}{2}\right]\tau + \sigma_S W\tau + \sum\limits_{i=0}^{n}\xi_i} - X\right\}^+ \,\bigg|\, F_t\right) \qquad (2\text{-}12)$$

下面讨论 Q_t 的求解：

①当 n 较小时，可采用 Monte Carlo 模拟方法。该方法是一种估计随机变量期望值的数值程序，因此它很自然地把衍生证券定价问题表示为求期望值的问题。此处对 Q_t 的随机模拟是通过对从 S_t 到 $S_T = S_{t+N\Delta t}$ 的价格路径的模拟来实现的，而在风险中性世界中的价格动态为

$$S_{t+\Delta t}/S_t = \exp\left\{[r - 0.1(p_1 - p_2)\lambda - \sigma_S^2/2]\Delta t + \sigma_S \varepsilon \sqrt{\Delta t} + \xi\right\} \qquad (2\text{-}13)$$

式中，Δt 表示时间步长；σ_S 表示波动率；r 表示无风险利率；ε 表示均值为 0、方差为 1 的标准正态分布随机变量；$\xi = \sum\limits_{i=0}^{n}\xi_i$，$\xi_i$ 如前所述。

因此，$\sigma_S\varepsilon\sqrt{\Delta t}$ 是时间增量为 Δt、波动率为 σ_S 的资产价格 Wiener 过程的离散逼近式。绝大部分的计算程序都可以产生随机数 ε 和 ξ，根据其随机性，假设每次产生一个不同的值，并假设从当前时刻 t 距到期日 T 有 N 个时间步，$\Delta t = (T - t)/N$。将式(2-13)给出的数值程序重复 N 次来模拟从 S_t 到 $S_T = S_{t+N\Delta t}$ 的价格路径，那么相对于这个特殊的模拟价格路径，使用折现公式可计算出 $Q = \mathrm{e}^{-r\tau}(S_T - X)^+$ 的一个取值，这样就可得到 Q_t 的一个 Monte Carlo 模拟样本。重复上面的模拟至足够多的模拟次数，计算在样本模拟中得到的 Q_t 估计值的平均值就可得到 Q_t 的期望值：

$$\hat{Q}_t = \frac{1}{M}\sum_{i=1}^{M}Q_i$$

式中，Q_i 表示 Q_t 的第 i 次 Monte Carlo 模拟得到的估计值；M 是模拟运算的总次数。

②当 n 较大时，根据林德伯格-列维中心极限定理求解 Q_t。由假设可得

$$E(\xi_i) = \mu = 0.1(p_1 - p_2)$$

$$D(\xi_i) = \sigma^2 = 0.02 p_1 p_2$$

定义

$$y = \sigma W_\tau + \sum_{i=0}^{n} \xi_i$$

则

$$E(y) = n\mu = 0.01(p_1 - p_2)n \triangleq \tilde{\mu}$$

$$D(y) = \sigma^2(n+\tau) = 0.02 p_1 p_2(n+\tau) \triangleq \tilde{\sigma}^2$$

即

$$y \sim N(\tilde{\mu}, \tilde{\sigma}^2)$$

令

$$x = (y - \tilde{\mu})/\tilde{\sigma}$$

则

$$x \sim N(0,1)$$

即

$$y = \tilde{\sigma}x + \tilde{\mu}$$

故

$$Q_t = e^{-r\tau} E\left(\left\{ S_t e^{\left[r - 0.1(p_1-p_2)\lambda - \frac{\sigma_S^2}{2}\right]\tau + \sigma_S W_\tau + \sum_{i=0}^{n}\xi_i} - X \right\}^+ \Big| F_t \right)$$

$$= e^{-r\tau} \int_{x_0}^{+\infty} \left\{ S_t e^{\left[r - 0.1(p_1-p_2)\lambda - \frac{\sigma_S^2}{2}\right]\tau + \tilde{\sigma}x + \tilde{\mu}} - X \right\} \frac{1}{\sqrt{2\pi}} e^{-\frac{x^2}{2}} dx$$

式中，$x_0 = \dfrac{\ln \dfrac{X}{S_t} - \left[r - 0.1(p_1-p_2)\lambda - \dfrac{\sigma_S^2}{2}\right]\tau - \tilde{\mu}}{\tilde{\sigma}}$。

所以，

$$Q_t = e^{-r\tau} \int_{x_0}^{+\infty} S_t e^{\left[r - 0.1(p_1-p_2)\lambda - \frac{\sigma_S^2}{2}\right]\tau + \tilde{\sigma}x + \tilde{\mu}} \frac{1}{\sqrt{2\pi}} e^{-\frac{x^2}{2}} dx - e^{-r\tau} X \int_{x_0}^{+\infty} \frac{1}{\sqrt{2\pi}} e^{-\frac{x^2}{2}} dx$$

$$= S_t e^{\left[-0.1(p_1-p_2)\lambda - \frac{\sigma_S^2}{2}\right]\tau + \tilde{\mu} + \frac{\tilde{\sigma}^2}{2}} \int_{x_0}^{+\infty} \frac{e^{-\frac{(x-\tilde{\sigma})^2}{2}}}{\sqrt{2\pi}} dx - e^{-r\tau} X N(-x_0)$$

令 $m = x - \tilde{\sigma}$，则

$$Q_t = S_t \mathrm{e}^{\left[-0.1(p_1-p_2)\lambda-\frac{\sigma_S^2}{2}\right]\tau+\tilde{\mu}+\frac{\tilde{\sigma}^2}{2}} \int_{x_0-\tilde{\sigma}}^{+\infty} \frac{\mathrm{e}^{-\frac{m^2}{2}}}{\sqrt{2\pi}}\mathrm{d}m - \mathrm{e}^{-r\tau}XN(-x_0)$$

$$= S_t \mathrm{e}^{\left[-0.1(p_1-p_2)\lambda-\frac{\sigma_S^2}{2}\right]\tau+\tilde{\mu}+\frac{\tilde{\sigma}^2}{2}} N(-x_0+\tilde{\sigma}) - \mathrm{e}^{-r\tau}XN(-x_0)$$

2.4.2.3　实证分析及模型结论

（1）实证分析

我们采用市场上浦发银行这只股票作为研究分析对象，数据选取时间为 2008 年，具体的历史数据可参见参考文献（潘素娟，李时银，2011）。

由浦发银行 2008 年涨跌停数据（表 2-1）可得：$p_1 = 6/360$，$p_2 = 6/360$，$n = 12$，$\lambda = 3$。

表 2-1　浦发银行 2008 年涨跌停数据

日　　期	02月04日	02月20日	03月24日	06月10日	08月20日	09月16日	09月19日	09月22日	10月06日	10月13日	11月10日	11月18日
涨跌停	涨停	跌停	跌停	跌停	涨停	跌停	涨停	涨停	跌停	涨停	涨停	跌停

假设无风险利率为 4%，时间步长为 0.25，由浦发银行 2008 年历史数据（此处假设该股票在此期间不分红）可得：收益波动率为每年 10%，通过不断从标准正态分布样本中抽取 ε 的值，再从三点分布样本中抽取 ξ 的值，代入式（2-13），可以得到股票价格运动的一条路径。表 2-2 显示了模拟的一条特殊路径。

表 2-2　当 $r = 4\%$，$\sigma = 0.1$，$\Delta t = 0.25$ 时的股票价格模拟

每步开始时的股票价格	ε 的随机抽样值	ξ 的随机抽样值	该时间步长中的股票价值变化
53.55	0.52	0	1.89
55.44	-0.74	-0.1	-6.7
48.74	0.21	0	0.95
49.69	-0.86	0	-1.67
48.02	0.39	0.1	6.57

表 2-2 最后的价格 48.02 可以看成是 4 个时间步长或是 1 年末价格运动的一种可能，不同的随机取样将会导致不同的结果。进行这样的模拟达到足够多次，就可以得到 1 年

末股票价格的一个完整的概率分布。这样,等将来有了这只股票期权的交割价格,就可以估计出该股票期权的合理价格。所以,本节模型的理论价值对市场价值有一定的指导作用,但仍然可能会存在差异,这说明以期权定价理论为基础的理论估值可能尚未得到市场的完全认同,其原因主要是我国期权市场还只是在起步阶段,投资者对这一产品还缺乏理性认识,从而可能导致市场价格偏离理论价格。

（2）模型结论

综上,基于涨跌停规则的股票期权的定价公式为

$$C_t = \sum_{n=0}^{\infty} \frac{\mathrm{e}^{-\lambda\tau}(\lambda\tau)^n}{n!} Q_t$$

式中, $Q_t = \mathrm{e}^{-r\tau} E\left(\left\{ S_t \mathrm{e}^{\left[r - 0.1(p_1 - p_2)\lambda - \frac{\sigma_S^2}{2} \right]\tau + \sigma_S W_\tau + \sum_{i=0}^{n} \xi_i} - X \right\}^+ \Big| F_t \right)$ 。

①当 n 较小时, $\hat{Q}_t = \dfrac{1}{M} \sum_{i=1}^{M} Q_i$ 。

②当 n 较大时, $Q_t = S_t \mathrm{e}^{\left[-0.1(p_1 - p_2)\lambda - \frac{\sigma_S^2}{2} \right]\tau + \tilde{\mu} + \frac{\tilde{\sigma}^2}{2}} N(-x_0 + \tilde{\sigma}) - \mathrm{e}^{-r\tau} X N(-x_0)$ 。

本节主要借鉴 Merton 的跳跃扩散模型的思想,根据中国股市的具体情况,用含有 Poisson 过程的 Ito-Skorohod 随机微分方程描述股票价格的运动;利用鞅定价技巧推导出考虑涨跌停规则的跳跃扩散的股票期权在 t 时刻的价格公式;利用随机模拟和中心极限定理讨论如何具体计算股票期权的价格;选取浦发银行这只股票进行实证研究,对将来该股票期权的定价有一个较为理性的指导作用。这是结合数学和金融、理论和实证等多个领域的一个研究,不管是对学术的探讨还是对现实的应用都具有非常深远的意义。在本节的基础上,我们认为还可做如下深入研究:

①本节模型假定资产收益率的跳跃部分是非系统的或可分散化的,因而在市场上不会产生额外的风险收益,即跳跃部分的风险市场价格为零,此时的市场是完全的,可以给出基于涨跌停规则的股票期权的定价公式。若进一步考虑跳跃风险是系统风险,或者波动率等其他参数不是常数而是一个随机过程,那么在满足一定条件下,同样可以给出不完全市场下考虑涨跌停规则的股票期权的定价公式。

②本节在建立起一个研究股票价格真实变动的跳跃扩散模型时,只考虑每个交易日涨跌限幅为 10% 的情况。对于科创板和北交所的股票,规定每只股票每个交易日分别可以有 20% 和 30% 的涨跌幅限制;对于特别处理的 ST 股票,规定每只股票每个交易日只能有 5% 的涨跌幅限制;对于中国一些特别行政区(如香港等)和一些特殊情况(如新股发行当日或股票停牌后复牌的当日等),不做涨跌停的限制。这些特殊的情况也可以加以研究,以获得考虑多个跳跃源的股票期权定价公式。

3 多资产欧式期权定价模型

在本章中,我们考虑多变量的欧式期权定价问题,即期权价格由几个标的资产价格及它们之间的相关性的随机行为确定。这种多维期权的例子有指数期权、篮子期权、交叉货币期权、交换期权、与几个资产的极值相关的期权等。嵌入公司债券的期权,其收益依赖于多个状态变量也是很常见的。含有不同类型的多资产期权的最新定义可在陈松男 (2002)的文献中找到。本章我们首先给出有多个标的资产的期权的价格所满足的 Black-Scholes 方程,其中所有的资产价格都服从对数正态分布。我们特别考虑到期收益函数是状态变量的线性函数时的定价模型;然后应用多资产期权定价模型来分析各种外币期权,包括接收未定的外币期权,含有随机债券收益的外币期权和交叉货币期权。我们也考虑有汇率风险暴露的股票期权的定价;当不是用本国货币而是用另一种货币购买资产时,这些期权可以对隐含的汇率风险提供一种保险。另外,对两个特殊的多资产期权,即交换期权和与几个资产的极值相关的期权,我们推导出了定价的解析公式。

3.1 一般的多维 Black-Scholes 定价公式

考虑依赖 n 个状态变量的衍生证券即多维欧式期权的定价问题。这里的 n 个状态变量是 n 个风险资产的价格。用 $S_i(1 \leqslant i \leqslant n)$ 表示标的资产 i 的价格,而 $V(S_1, S_2, \cdots, S_n, \tau)$ 表示衍生证券的价格,其中 τ 是距到期时间的长度。我们遵循通常的关于资本市场的 Black-Scholes 假定,假设资产价格遵循对数正态扩散过程:

$$\frac{\mathrm{d}S_i}{S_i} = \mu_i \mathrm{d}t + \sigma_i \mathrm{d}Z_i (i = 1, 2, \cdots, n) \tag{3-1}$$

式中, μ_i 和 σ_i 分别表示资产 i 的期望收益率和波动率。

用 ρ_{ij} 表示 Z_i 和 Z_j 的相关系数,使得

$$\mathrm{d}Z_i \mathrm{d}Z_j = \rho_{ij}\mathrm{d}t (i,j=1,2,\cdots,n, i \neq j) \tag{3-2}$$

由多维 Ito 引理可得到衍生证券价值的动态:

$$\mathrm{d}V = \frac{\partial V}{\partial t}\mathrm{d}t + \sum_{i=1}^{n}\frac{\partial V}{\partial S_i}\mathrm{d}S_i + \frac{1}{2}\sum_{i=1}^{n}\sum_{j=1}^{n}\rho_{ij}\sigma_i\sigma_j S_i S_j \frac{\partial^2 V}{\partial S_i \partial S_j}\mathrm{d}t \tag{3-3}$$

假设我们建立一个包含一单位衍生证券、α_i 单位的资产 $i(i=1,2,\cdots,n)$ 的组合。为了得到随机部分互相抵消的无风险组合,我们必须选择 $\alpha_i = -\frac{\partial V}{\partial S_i}(i=1,2,\cdots,n)$。设 π 表示该组合的价值,那么

$$\mathrm{d}\pi = \frac{\partial V}{\partial t}\mathrm{d}t + \sum_{i=1}^{n}\alpha_i \mathrm{d}S_i$$

$$= \left(-\frac{\partial V}{\partial \tau} + \frac{1}{2}\sum_{i=1}^{n}\sum_{j=1}^{n}\rho_{ij}\sigma_i\sigma_j S_i S_j \frac{\partial^2 V}{\partial S_i \partial S_j}\mathrm{d}t \right)$$

$$\tau = T - t \tag{3-4}$$

上面的无风险组合应获得无风险的利息,故

$$\mathrm{d}\pi = r\pi \mathrm{d}t = r\left(V + \sum_{i=1}^{n}\alpha_i S_i \right)\mathrm{d}t \tag{3-5}$$

把式(3-4)和式(3-5)结合在一起,得到衍生证券价格满足的微分方程:

$$\frac{\partial V}{\partial \tau} = \frac{1}{2}\sum_{i=1}^{n}\sum_{j=1}^{n}\rho_{ij}\sigma_i\sigma_j S_i S_j \frac{\partial^2 V}{\partial S_i \partial S_j} + r\sum_{i=1}^{n}S_i \frac{\partial V}{\partial S_i} - rV \tag{3-6}$$

$$0 < S_1,\cdots,S_n < \infty, \tau > 0$$

式(3-6)是一般形式的 n 资产 Black-Scholes 方程。该期权价格方程同样与资产的收益率无关。对大多数期权而言,可以假设到期时的收益函数是标的状态变量的分段线性函数。

为简洁起见,用 $\boldsymbol{S} = (S_1,\cdots,S_n)^{\mathrm{T}}$ 表示当前时刻 t 的资产价格向量,并记 $V(S_1,\cdots,S_n,\tau)$ 为 $V(\boldsymbol{S},\tau)$,用 $\boldsymbol{S}_T$ 表示到期时 T 的资产价格向量。

3.2　外币期权模型

许多外币期权是多资产模型,对应的标的随机变量是两种货币的汇率、国内和国外债

券收益率的比率等。在这种新的情况下，我们来考虑涉及汇率风险和其他风险因子的几种期权。我们也考虑交换期权（准确地说，是持有者用一种风险资产交换另一种风险资产）定价模型并应用交换期权定价模型对交叉货币期权和有汇率风险的股本期权定价。

3.2.1 接收未定的外汇买入期权

假设一家国内公司计划做一个标底为 b 的投标，以一定量的外汇来购买另一家外国公司，对国内公司而言，为了避免收购成功时的外汇风险暴露，购买一个接收未定的外汇买入期权是有用的。如果投标不成功，接收公司是不会执行外汇买入期权的，即使在到期日期权处于盈值状态。带有不能成功接收时不执行期权的条款时，接收未定的期权比规则的外汇期权要便宜一些。

设 τ 是从现在开始到接收时的时间长，接收未定的期权的到期日应该和接收日接近一致。我们用 V 表示以外汇计量的外国公司的价值，设 F 和 X 分别是汇率和期权的执行价。它们都是一单位外币对应的国内货币（内币）量，当且仅当 $F > X$ 和 $V < b$ 时接收未定期权将执行。假设 V 和 F 都是对数正态分布的，即

$$\frac{\mathrm{d}V}{V} = \mu_V \mathrm{d}t + \sigma_V \mathrm{d}Z_V \tag{3-7}$$

$$\frac{\mathrm{d}F}{F} = \mu_F \mathrm{d}t + \sigma_F \mathrm{d}Z_F \tag{3-8}$$

式中，μ_V 和 μ_F 分别是 V 和 F 的漂移率；σ_V 和 σ_F 分别是 V 和 F 的波动率常数。

用 ρ 表示 Wiener 过程 $\mathrm{d}Z_V$ 和 $\mathrm{d}Z_F$ 间的相关系数，用 r 和 r_f 分别表示国内和国外的无风险利率。

接收未定的买入期权的值是 F、V 和 τ 的函数，记为 $C(F, V, \tau)$。我们再次利用风险中性定价方法求 $C(F, V, \tau)$。过程 FV 的期望收益率可以由 $\mu_F + \mu_V + \rho\sigma_F\sigma_V$ 给出。在风险中性世界中，汇率的期望收益率将是 $r - r_f$，而 FV 的期望收益率应该是国内的利率 r，因为 FV 是按国内货币给出的公司价值。因此可以导出 V 的风险中性期望收益率是 $r - (r - r_f) - \rho\sigma_F\sigma_V = r_f - \rho\sigma_F\sigma_V$。

设 V_T 和 F_T 分别表示到期日 T 时 V 和 F 的值，V 和 F 在风险中性世界中的联合转移密度函数是

$$\varphi(F_T, V_T, F, V) = \frac{\exp\left[-\dfrac{x_F^2 - 2\rho x_F x_V + x_V^2}{2(1-\rho^2)}\right]}{2\pi\tau\sqrt{1-\rho^2}\,\sigma_F\sigma_V F_T V_T} \tag{3-9}$$

其中：

$$x_F = \frac{1}{\sigma_F \sqrt{\tau}} \left\{ \ln F_T - \left[\ln F + \left(r - r_f - \frac{\sigma_F^2}{2} \right) \tau \right] \right\}$$

$$x_V = \frac{1}{\sigma_V \sqrt{\tau}} \left\{ \ln V_T - \left[\ln V + \left(r_f - \rho \sigma_F \sigma_V - \frac{\sigma_V^2}{2} \right) \tau \right] \right\}$$

按照期望折现方法，欧式接收未定的买入期权的价值为

$$C(F, V, \tau) = b \mathrm{e}^{-r\tau} \left\{ E(F_T \mid F_T > X, V_T < b) - X P_r (F_T > X, V_T < b) \right\}$$

$$= b \mathrm{e}^{-r\tau} \left\{ \int_0^b \int_X^\infty F_T \varphi(F_T, V_T, F, V) \mathrm{d}F_T \mathrm{d}V_T - X \int_0^b \int_X^\infty \varphi(F_T, V_T, F, V) \mathrm{d}F_T \mathrm{d}V_T \right\}$$

$$(3\text{-}10)$$

式中，E 是风险中性世界中的期望运算。

在 (F_T, V_T) 平面中的积分区域由平行于坐标轴的直线 $V_T = 0$，$V_T = b$ 和 $F_T = X$ 所界定，因此我们可以得到用二变量分布函数表示的封闭形式的定价公式。

我们定义下面的变量代换来计算式(3-10)中的第一个积分：

$$\tilde{x}_F = x_F - \sigma_F \sqrt{\tau}$$

$$= \frac{1}{\sigma_F \sqrt{\tau}} \left\{ \ln F_T - \left[\ln F + \left(r - r_f + \frac{\sigma_F^2}{2} \right) \tau \right] \right\} \qquad (3\text{-}11)$$

$$\tilde{x}_V = x_V - \rho \sigma_F \sqrt{\tau}$$

$$= \frac{1}{\sigma_V \sqrt{\tau}} \left\{ \ln V_T - \left[\ln V + \left(r_f - \frac{\sigma_V^2}{2} \right) \tau \right] \right\} \qquad (3\text{-}12)$$

由于 (F_T, V_T) 平面中的积分区域由平行坐标轴的直线界定，在 $(\tilde{x}_F, \tilde{x}_V)$ 平面中以及 (x_F, x_V) 平面中的积分区域也是边界曲线平行坐标轴的矩形。为了方便定义，使

$$a_1 = \frac{1}{\sigma_F \sqrt{\tau}} \left[\ln \frac{F}{X} + \left(r - r_f + \frac{\sigma_F^2}{2} \right) \tau \right], \ a_2 = a_1 - \sigma_F \sqrt{\tau} \qquad (3\text{-}13)$$

$$b_1 = \frac{1}{\sigma_V \sqrt{\tau}} \left[\ln \frac{V}{b} + \left(r_f - \frac{\sigma_V^2}{2} \right) \tau \right], b_2 = b_1 - \rho \sigma_F \sqrt{\tau} \qquad (3\text{-}14)$$

上式是变换后的积分下限与上限。我们把 $\tilde{x}_F$ 和 $\tilde{x}_V$ 作为第一个积分中的积分变量，x_F 和 x_V 作为式(3-10)中第二个积分中的积分变量，则上式的积分转变成为

$$C(F,V,\tau)=b\Big[Fe^{-r_f\tau}\int_{-\infty}^{-b_1}\int_{-a_1}^{+\infty}\frac{\exp\Big(-\dfrac{\widetilde{x}_F^2-2\rho\widetilde{x}_F\widetilde{x}_V^2+\widetilde{x}_V^2}{2(1-\rho^2)}\Big)}{2\pi\sqrt{1-\rho^2}}\mathrm{d}\widetilde{x}_F\,\mathrm{d}\widetilde{x}_V-$$

$$Xe^{-r\tau}\int_{-\infty}^{-b_2}\int_{-a_2}^{+\infty}\frac{\exp\Big(-\dfrac{x_F^2-2\rho x_F x_V+x_V^2}{2(1-\rho^2)}\Big)}{2\pi\sqrt{1-\rho^2}}\mathrm{d}x_F\,\mathrm{d}x_V\Big]$$

$$=b\big[Fe^{-r_f\tau}N_2(a_1,-b_1,-\rho)-Xe^{-r\tau}N_2(a_2,-b_2,-\rho)\big] \quad\text{(3-15)}$$

容易证明当 $\rho=0$ 时,即公司价值和汇率不相关时,上面接收未定的买入期权价值等于普通的汇率期权价值乘以接收成功的概率。

3.2.2　采用随机债券收益率的外币期权

假设国内和国外的债券收益率是随机的,我们来考虑欧式外币期权定价模型。用 S 表示一单位外币对应的国内货币的即期价格,而 $B(\tau)$ 和 $B_f(\tau)$ 分别表示国内和国外的债券价格,它们的面值依照各自的货币都是一单位,到期时间长度均为 τ 且其到期日和外币期权的到期日相一致。现在我们利用随机的债券价格来表达国内和国外利率的随机性。

我们假设 S、B 和 B_f 遵循对数正态扩散过程:

$$\frac{\mathrm{d}S}{S}=\mu_S\mathrm{d}t+\sigma_S\mathrm{d}Z_S$$

$$\frac{\mathrm{d}B}{B}=\mu_B\mathrm{d}t+\sigma_B\mathrm{d}Z_B$$

$$\frac{\mathrm{d}B_f}{B_f}=\mu_{B_f}\mathrm{d}t+\sigma_{B_f}\mathrm{d}Z_{B_f}$$

式中,μ_S、μ_B、μ_{B_f} 分别是相应的漂移率常数;σ_S、σ_B、σ_{B_f} 是相应的波动率常数;$\mathrm{d}Z_S$、$\mathrm{d}Z_B$、$\mathrm{d}Z_{B_f}$ 是相应的 Wiener 过程。

我们定义一个新的变量 $G=SB_f$,并用 $C(G,B,\tau)$ 表示欧式外币买入期权用国内货币表示的价格,变量 G 可以解释为外币债券折算成的国内货币价,由 Ito 引理可得,G 是具有如下漂移率和波动率的对数正态分布变量:

$$\mu_G=\mu_S+\mu_{B_f}+\rho_{SB_f}\sigma_S\sigma_{B_f}$$

$$\sigma_G^2=\sigma_S^2+2\rho_{SB_f}\sigma_S\sigma_{B_f}+\sigma_{B_f}^2$$

式中，ρ_{SB_f} 是 Wiener 过程 dZ_S 和 dZ_{B_f} 的相关系数，通常 ρ_{SB_f} 是非零的，因为债券收益率的变动和汇率的变动是相关的。

为了导出 C 所满足的方程，我们观察由下式给出的 C 的价格动态：

$$dC = \frac{\partial C}{\partial t}dt + \frac{\partial C}{\partial G}dG + \frac{\partial C}{\partial B}dB +$$

$$\frac{1}{2}\left(\sigma_G^2 G^2 \frac{\partial^2 C}{\partial G^2} + 2\rho_{GB}\sigma_G\sigma_B GB \frac{\partial^2 C}{\partial G\partial B} + \sigma_B^2 B^2 \frac{\partial^2 C}{\partial B^2}\right)dt \tag{3-16}$$

式中，ρ_{GB} 是随机过程 G 和 B 的相关系数。

我们建立一个组合，包含一单位买入期权，一 Q_G 单位的外国债券和一 Q_B 单位的国内债券。在这个组合中，买入期权和国内、国外的债券都是可交易的证券。用 π 表示用国内货币度量的该组合的价值，那么，

$$\pi = C - Q_G G - Q_B B \tag{3-17}$$

它的微分如下：

$$d\pi = dC - Q_G dG - Q_B dB$$

$$= \frac{\partial C}{\partial t}dt + \left(\frac{\partial C}{\partial G} - Q_G\right)dG + \left(\frac{\partial C}{\partial B} - Q_B\right)dB + \tag{3-18}$$

$$\frac{1}{2}\left(\sigma_G^2 G^2 \frac{\partial^2 C}{\partial G^2} + 2\rho_{GB}\sigma_G\sigma_B GB \frac{\partial^2 C}{\partial G\partial B} + \sigma_B^2 B^2 \frac{\partial^2 C}{\partial B^2}\right)dt$$

为了形成无风险对冲组合，我们选择

$$Q_G = \frac{\partial C}{\partial G}, Q_B = \frac{\partial C}{\partial B} \tag{3-19}$$

从而 $d\pi$ 中的随机项消失了。无风险组合必然获得国内的无风险利息，即有 $d\pi = r\pi dt$（r 为国内无风险利率）。对普通的买入期权，其价格是资产价格 S 和执行价 X 的线性齐次函数。在现在的模型中，SB_f 和 XB 与 S 和 X 的作用相同，即对应的买入期权价是 G 和 B 的线性齐次函数：

$$C(\lambda G, \lambda B, \tau) = \lambda C(G, B, \tau) \tag{3-20}$$

由线性齐次性质得到

$$C = \frac{\partial C}{\partial G}G + \frac{\partial C}{\partial B}B \tag{3-21}$$

用 X 表示欧式外币买入期权以国内货币计价的执行价,上面外币买入期权的到期收益函数可以表述为

$$C(G,B,0)=\max(S-X,0)=\max(G-XB,0) \tag{3-22}$$

由于 $B_f(0)=B(0)=1$,令 $\xi=\dfrac{G}{B}$,则到期收益函数满足

$$C(G,B,0)=B\max(\xi-X,0) \tag{3-23}$$

定义一个新函数:

$$\hat{C}(\xi,\tau)=C(G,B,\tau)/B \tag{3-24}$$

令 $y=\ln\dfrac{G}{B}$,易知

$$G\frac{\partial}{\partial G}=\frac{\partial}{\partial y},B\frac{\partial}{\partial B}=\frac{\partial}{-\partial y} \tag{3-25}$$

从而 $\hat{C}(\xi,\tau)$ 满足的方程为

$$\frac{\partial \hat{C}}{\partial \tau}=\frac{\sigma^2}{2}\frac{\partial^2 \hat{C}}{\partial y^2}-\frac{\sigma^2}{2}\frac{\partial \hat{C}}{\partial y} \tag{3-26}$$

式中, $\sigma^2=\sigma_G^2-2\rho_{GB}\sigma_G\sigma_B+\sigma_B^2$。

所以有

$$\begin{aligned}
C(S,B_f,B,\tau)&=B(\tau)\hat{C}(\xi,\tau)\\
&=B(\tau)[\xi N(d_1)-XN(d_2)]\\
&=SB_f(\tau)N(d_1)-XB(\tau)N(d_2)
\end{aligned} \tag{3-27}$$

其中:

$$d_1=\frac{\ln\dfrac{SB_f(\tau)}{XB(\tau)}+\dfrac{\sigma^2}{2}\tau}{\sigma\sqrt{\tau}}$$

$$d_2=d_1-\sigma\sqrt{\tau}$$

设 $F(\tau)$ 表示到期时间长为 τ 的一单位外汇的远期国内货币价,由利率平价关系可得 $F(\tau)=SB_f(\tau)/B(\tau)$,上面的买入期权价格公式可以表示为更简洁的形式:

$$C(F,B,\tau)=B(\tau)[F(\tau)N(\tilde{d_1})-XN(\tilde{d_2})] \tag{3-28}$$

其中：

$$\tilde{d}_1 = \frac{\ln \dfrac{F}{X} + \dfrac{\sigma^2}{2}\tau}{\sigma\sqrt{\tau}}$$

$$\tilde{d}_2 = \tilde{d}_1 - \sigma\sqrt{\tau}$$

同理可得相应的欧式外币的卖出期权价格为

$$p(F,B,\tau) = C(F,B,\tau) - FB(\tau) + XB(\tau)$$

$$= B(\tau)\big[XN(\tilde{d}_2) - FN(\tilde{d}_1)\big] \qquad (3\text{-}29)$$

3.2.3 交换期权

交换期权给予持有者用一种风险资产交换另一种风险资产的权利但并不负有义务。下面我们来考虑欧式交换期权的价值，这种期权允许持有者在期权到期日，用资产 2 交换资产 1。假设两种资产的价格都遵循对数正态扩散：

$$\frac{\mathrm{d}S_i}{S_i} = \mu_i \mathrm{d}t + \sigma_i \mathrm{d}Z_i, i = 1,2 \qquad (3\text{-}30)$$

式中，S_i 表示资产 i 的价格；μ_i 和 σ_i 分别表示资产 i 的期望收益率和波动率。

设 ρ_{12} 表示 Wiener 过程 $\mathrm{d}Z_1$ 和 $\mathrm{d}Z_2$ 的相关系数。交换期权既可以认为是执行价格为 S_2 的资产 1 的买入期权，也可以认为是执行价格为 S_1 的资产 2 的卖出期权。

到期收益为

$$V(S_1,S_2,0) = \max(S_1 - S_2,0) \qquad (3\text{-}31)$$

式中，$V(S_1,S_2,\tau)$ 表示到期时间为 τ 的交换期权的价值。

如果把资产 2 当成数量，则定价问题可以化为单资产期权。因此我们定义一个新的随机变量 $S = S_1/S_2$，它也是对数正态的。根据 Ito 引理，S 的对数正态过程的波动率为

$$\sigma^2 = \sigma_1^2 - 2\rho_{12}\sigma_1\sigma_2 + \sigma_2^2 \qquad (3\text{-}32)$$

假设 $\hat{V}(S,\tau) = V(S_1,S_2,\tau)/S_2$，到期收益变为 $\hat{V}(S,0) = \max(S-1,0)$，上面的问题可以视为有单位执行价、利率为零的单资产的普通欧式买入期权。

因此交换期权的价格为

$$\hat{V}(S,\tau) = SN(d_1) - N(d_2) \qquad (3\text{-}33)$$

或

$$V(S_1,S_2,\tau)=S_1N(d_1)-S_2N(d_2) \tag{3-34}$$

其中：

$$d_1=\frac{\ln\dfrac{S_1}{S_2}+\dfrac{\sigma^2}{2}\tau}{\sigma\sqrt{\tau}}$$

$$d_2=d_1-\sigma\sqrt{\tau}$$

3.2.4　有汇率风险暴露的股票期权

用外币购买资产的投资者会遇上汇率风险。例如，一个美国（国内）投资者计划购买一个欧式期权，该期权赋予他购买日元（外国）资产的权利，目的是保护他免受汇率和资产下降的风险带来的损失。在到期日，期权按美元计量的价值依赖于当时的美元/日元汇率（用美元计量的一日元的价格）和当时的日元资产的价格，因此具有多因素期权的性质。依照买入期权到期收益函数的不同，可以设计出多种这样的欧式买入期权。

设 F 和 F_T 分别表示当前的和到期日的汇率，以一单位外币的国内货币价格表示。用外币表示的当前和到期日的资产价格分别用 S 和 S_T 表示，而 $X_f(X_d)$ 是外币（国内货币）的执行价。这些欧式汇率/股票期权被称为市场参与的"结算期权"，常见的这类期权的到期收益函数是：

①用外币执行价的外国股票买入期权：

$$C_1(S_T,0)=F_T\max(S_T-X_f,0) \tag{3-35}$$

②用国内货币执行价的外国股票买入期权：

$$C_2(S_T,0)=\max(F_TS_T-X_d,0) \tag{3-36}$$

③固定汇率外国股票买入期权：

$$C_3(S_T,0)=F_0\max(S_T-X_f,0) \tag{3-37}$$

式中，F_0 是事先确定的某个固定汇率。

④与股票相关联的外汇买入期权：

$$C_4(S_T,0)=S_T\max(F_T-X,0) \tag{3-38}$$

第 4 个到期收益函数的性质与前面 3 个不同，它是特别为那些喜欢购买外国资产但希望有一个汇率下限 X 的投资者而设计的。

按照普通的 Black-Scholes 定价方法,在风险中性世界中,S 和 F 的扩散过程可假设为如下的对数正态过程:

$$\frac{\mathrm{d}S}{S} = (r_\mathrm{f} - q_\mathrm{f})\mathrm{d}t + \sigma_S \mathrm{d}Z_S \qquad (3\text{-}39)$$

$$\frac{\mathrm{d}F}{F} = (r_\mathrm{d} - r_\mathrm{f})\mathrm{d}t + \sigma_F \mathrm{d}Z_F \qquad (3\text{-}40)$$

式中,r_f 和 r_d 分别是国外和国内的利率常数;q_f 是外币资产的分红率;σ_S 和 σ_F 分别是 S 和 F 的波动率常数。

设 ρ 是 Wiener 过程 $\mathrm{d}Z_S$ 和 $\mathrm{d}Z_F$ 的相关系数。

3.2.4.1 用外币执行价的外国股票买入期权定价

由于到期收益函数表示执行期权得到的收益按照到期日的即期汇率转换成的国内货币量,因而以国内货币计量的买入期权当前的价值是按外币计量的买入期权价值乘以当前的汇率,从而有

$$C_1(S, \tau) = F\big[Se^{-q_\mathrm{f}\tau}N(d_1) - X_\mathrm{f}e^{-r_\mathrm{f}\tau}N(d_2)\big] \qquad (3\text{-}41)$$

其中:

$$d_1 = \frac{\ln\dfrac{S}{X_\mathrm{f}} + \left(r_\mathrm{f} - q_\mathrm{f} + \dfrac{\sigma_S^2}{2}\right)\tau}{\sigma_S\sqrt{\tau}}$$

$$d_2 = d_1 - \sigma_S\sqrt{\tau}$$

3.2.4.2 用国内货币执行价的外国股票买入期权定价

以国内货币计量的外国股票买入期权到期收益为

$$C_{2\mathrm{f}}(S, 0) = \max(S_T - X_\mathrm{d}/F_T, 0) \qquad (3\text{-}42)$$

这个收益函数和交换期权的收益函数相同,它用 X_d 单位的国内货币交换一单位资产。根据交换期权价格公式,我们可得到买入期权价格公式:

$$C_2(S, \tau) = FC_{2\mathrm{f}}(S, \tau)$$

$$= F\left[Se^{-q_\mathrm{f}\tau}N(\hat{d}_1) - \frac{1}{F}X_\mathrm{d}e^{-r_\mathrm{d}\tau}N(\hat{d}_2)\right] \qquad (3\text{-}43)$$

其中：

$$\hat{d}_1 = \frac{\ln\dfrac{SF}{X_d} + \left(q_f - r_d + \dfrac{\hat{\sigma}^2}{2}\right)\tau}{\hat{\sigma}\sqrt{\tau}}$$

$$\hat{d}_2 = \hat{d}_1 - \hat{\sigma}\sqrt{\tau}$$

$$\hat{\sigma}^2 = \sigma_S^2 + \sigma_F^2 - 2\rho\sigma_S\sigma_F$$

3.2.4.3   固定汇率外国股票买入期权定价

在外币市场中，固定汇率外国股票买入期权的到期收益可以表示为

$$C_{3f}(S,0) = \frac{F_0}{F_T}\max(S_T - X_f, 0)$$

$$= \frac{F_0}{F}e^v \max(Se^u - X_f, 0) \tag{3-44}$$

其中：

$$u = \ln\frac{S_T}{S}$$

$$v = \ln\frac{F}{F_T}$$

u 和 v 的风险中性联合密度函数为

$$\varphi(u,v) = \frac{1}{2\pi\tau\sqrt{1-\rho^2}\,\sigma_S\sigma_F}\exp\left\{\frac{-1}{2(1-\rho^2)}\left[\left(\frac{u-\mu_S\tau}{\sigma_S\sqrt{\tau}}\right)^2 + \right.\right.$$

$$\left.\left. 2\rho\left(\frac{u-\mu_S\tau}{\sigma_S\sqrt{\tau}}\right)\left(\frac{v-\mu_F\tau}{\sigma_F\sqrt{\tau}}\right) + \left(\frac{v-\mu_F\tau}{\sigma_F\sqrt{\tau}}\right)^2\right]\right\} \tag{3-45}$$

其中：

$$\mu_S = r_f - q_f - \frac{\sigma_S^2}{2}$$

$$\mu_F = r_f - r_d - \frac{\sigma_F^2}{2}$$

表达式 $\varphi(u,v)$ 中的 ρ 符号的转换可以用与前面相同的理由解释。

用外币计量的买入期权,其现在的价值为

$$C_{3f}(S,\tau) = \frac{F_0}{F} \int_{-\infty}^{+\infty} \int_{\ln\frac{X}{S}}^{+\infty} e^v (Se^u - X_f) \varphi(u,v) \, du \, dv \tag{3-46}$$

直接计算上面的积分,得出用国内货币计量的买入期权价格公式:

$$C_3(S,\tau) = FC_{3f}(S,\tau)$$

$$= F_0 e^{-r_d\tau} [Se^{(r_f - q_f - \rho\sigma_S\sigma_F)\tau} N(\tilde{d}_1) - X_f N(\tilde{d}_2)] \tag{3-47}$$

其中:

$$\tilde{d}_1 = \frac{\ln\dfrac{S}{X} + \left(r_f - q_f - \rho\sigma_S\sigma_F + \dfrac{\sigma_S^2}{2}\right)\tau}{\sigma_S\sqrt{\tau}}$$

$$\tilde{d}_2 = \tilde{d}_1 - \sigma_S\sqrt{\tau}$$

3.2.4.4 与股票相关联的外汇买入期权定价

将用外币计量的买入期权的到期收益函数转变为以下形式:

$$C_{4f}(S,0) = S_T \max\left(1 - \frac{X}{F_T}, 0\right)$$

$$= XS_T \max\left(\frac{1}{X} - \frac{1}{F_T}, 0\right) \tag{3-48}$$

这个到期收益函数和第 3 个买入期权的收益函数相似,只要将 S_T 和 $\dfrac{1}{F_T}$ 相互交换就行了。(交换后)它是一个卖出期权的收益而不是买入期权的收益。因此,和外汇联系着的股票买入期权的价格公式可以容易地从固定汇率国外股票买入期权价格公式推出。

4 路径依赖期权

激烈的竞争和金融产品无专利可言迫使金融机构设计和发展更新的风险管理金融产品。许多产品是为了迎合顾客的特殊需要而设计的。近年来,路径依赖期权大量增长,所谓路径依赖期权是收益与期权有效期内(全部或部分)标的资产价格运动过程有关的期权。例如,回望期权的收益依赖于标的资产价格在期权有效期内的最小值或最大值,而平均期权(通常称为亚式期权)的收益依赖于期权有效期内某一时段内资产的平均价格。甚至普通的美式期权也可视为路径依赖期权,因为期权可以提前执行,而提前执行决策依赖于资产价格的路径。

在下面几节中,我们详细介绍几种回望期权和亚式期权以及它们的定价方法,并分析这些路径依额期权的定价公式。

4.1 基于随机汇率条件下外国股票亚式回望期权

本节在标的资产价格以及汇率均为随机的情况下,用含有 Poisson 过程的 Ito-Skoro-hod 随机微分方程描述股票价格的运动。在考虑汇率风险的情况下,利用鞅定价技巧(风险中性方法)和多元统计分析,计算并推导出一种基于离散几何平均资产的外国股票亚式回望买入期权的定价公式。该公式可为未来国内市场上出现的同类期权的合理定价提供参考。

4.1.1 回望期权简介

回望期权是一种在有效期内选取最有利的价格作为协定价格的期权,因其可为投资者以最低价格买进标的股等优点而广受 OTC 市场投资者的青睐。亚式期权是到期收益依赖于平均资产价格的一种期权,它允许投资者对某时段内商品的平均价格进行套期保值,进而可以避免因某些交易者对期权到期时的资产价格进行操纵而产生的风险;因此,亚式期权已成为一种被广泛使用的金融衍生工具。本节将资产的平均价格作为标的资产的价格,并将期权的标的资产在其回望时段内的最低价格作为期权的执行价,该做法可有效避免期权即将到期时价格容易被操纵的问题。资产的平均价格可以通过多种平均方式来实现。例如,Gentle(1993)采用加权几何平均标的资产对回望期权进行近似定价;左玲等(2014)给出了一种基于跳跃扩散模型下离散算术平均资产回望买权的定价公式,应用数值模拟、二叉树等方法给出了回望期权的近似计算。在实际证券交易中,因所有亚式期权的标的变量都是采用离散的平均方式,因此本节采用离散几何平均资产方法。截至目前,已有很多学者对外汇型衍生产品进行研究,但未见将回望期权和亚式期权结合起来考虑汇率风险的研究。基于此,本节在考虑汇率风险的情况下,将离散几何平均资产作为标的(标的资产价格以及汇率均为随机),用含有 Poisson 过程的 Ito-Skorohod 随机微分方程描述股票价格的运动,用鞅定价技巧(风险中性方法)和多元统计分析的相关知识,推导出基于离散几何平均资产的国外股票回望买入期权的定价公式。

假设期权的回望时段为期权的整个合同期,即浮动执行价回望买入期权允许持有者以回望时段内期权标的资产的最低价买入资产,因此这种期权在到期日总是会被执行,并且它的到期收益总是大于零。期权的到期收益可用如下公式表示:

$$C[\varphi(T),0] = \varphi(T) - m_{T_0}^T = \varphi(T) - \min(m_{T_0}^t, m_t^T)$$

式中,$m_{T_0}^T$ 是 $[T_0,T]$ 区间内 φ 的最小值,即 $m_{T_0}^T = \min\{\varphi(\xi), T_0 \leqslant \xi \leqslant T\}$;$m_t^T$ 是 $[t,T]$ 区间内 φ 的最小值,即 $m_t^T = \min\{\varphi(\xi), t \leqslant \xi \leqslant T\}$;$m_{T_0}^t$ 是 $[T_0,t]$ 区间内 φ 的最小值,即 $m_{T_0}^t = \min\{\varphi(\xi), T_0 \leqslant \xi \leqslant t\}$;在当前时刻下,$m_{T_0}^t$ 是已知量,而 m_t^T 是未知量。

4.1.2 模型分析

4.1.2.1 经济变量的随机过程

考虑某个完备概率空间 $[\Omega, F, (F_t)_{t \geqslant 0}, P]$ 上的标准布朗运动 W_t,其中 $(F_t)_{t \geqslant 0}$ 为

该空间上对 t 递增的 σ-域。假定对随机变量的所有叙述几乎处处成立或者几乎必然成立，用 $E\langle X \mid F_t \rangle$ 表示随机变量 X 关于到时间 t 为止可获得信息的条件期望，以 $S(t)$ 表示 t 时以外币计量的外国股票的价格，以 $F(t)$ 表示 t 时以内币计量的一单位外币的价格，即 t 时即期汇率。假设股票价格的扩散过程和汇率的变动随机过程都遵循几何布朗运动，即

$$\begin{cases} \dfrac{\mathrm{d}S(t)}{S(t)} = \mu_S \, \mathrm{d}t + \sigma_S \, \mathrm{d}w_t^S \\[3mm] \dfrac{\mathrm{d}F(t)}{F(t)} = \mu_F \, \mathrm{d}t + \sigma_F \, \mathrm{d}w_t^F \end{cases} \tag{4-1}$$

式中，初始条件 $S(t)$ 和 $F(t)$ 均为 F_t 可测，且 $0 \leqslant t \leqslant T$；$w_t^S$ 和 w_t^F 均是测度 P 下标准 Wiener 过程；参数 μ_S，μ_F 和 σ_S，σ_F 分别表示期望收益率和波动率。

设国内和国外的无风险利率常数分别为 r 和 r_f，用 ρ_{SF} 表示 w_t^S 和 w_t^F 的相关系数，即

$$\mathrm{Cov}(\mathrm{d}w_t^S, \mathrm{d}w_t^F) = \rho_{SF} \, \mathrm{d}t$$

4.1.2.2 风险中性概率测度

由期权定价的基本理论可知，当 $S(t)$ 和 $F(t)$ 的预期增长率分别替换成 $\overline{\alpha}_S = r_\mathrm{f} - \rho_{SF} \sigma_S \sigma_F$ 和 $\overline{\alpha}_F = r - r_\mathrm{f}$ 时，就可以得到衍生产品在风险中性测度下的正确估值。为了在风险中性测度下讨论衍生产品的定价问题，此处引入一个与测度 P 等价的鞅测度 Q：

$$\frac{\mathrm{d}Q}{\mathrm{d}P} = \exp\left\{ rw - \frac{1}{2} \mid r \mid^2 t \right\}$$

式中，$r = (r_S, r_F)^\mathrm{T}$，$r_i = \dfrac{\overline{\alpha}_i - \mu_i}{\sigma_i}$，$i \in \{S, F\}$；$\mid r \mid$ 表示 r 的模；$w = (w_t^S, w_t^F)^\mathrm{T}$。

由 Girsanov 定理可知，在鞅测度 Q 下，式(4-1)可转化为

$$\begin{cases} \dfrac{\mathrm{d}S(t)}{S(t)} = \overline{\alpha}_S \, \mathrm{d}t + \sigma_S \, \mathrm{d}\overline{w}_t^S \\[3mm] \dfrac{\mathrm{d}F(t)}{F(t)} = \overline{\alpha}_F \, \mathrm{d}t + \sigma_F \, \mathrm{d}\overline{w}_t^F \end{cases} \tag{4-2}$$

式中，$\overline{w}_t^S$ 和 $\overline{w}_t^F$ 是带 σ-代数流的概率空间 $[\Omega, F, (F_t)_{T \geqslant t \geqslant 0}, Q]$ 中的标准 Wiener 过程，且 $\mathrm{Cov}(\mathrm{d}\overline{w}_t^S, \mathrm{d}\overline{w}_t^F) = \rho_{SF} \, \mathrm{d}t$。

4.1.2.3 几何平均亚式期权的定义和数学模型

设 $G_S(T)$ 和 $G_F(T)$ 分别是 $S(t)$ 和 $F(t)$ 在时间段 $[T_0, T]$ 上的离散几何平均值，且用 μ_{GS}，μ_{GF} 和 σ_{GS}^2，σ_{GF}^2 分别表示 $G_S(T)$ 和 $G_F(T)$ 的期望和方差。下面先计算出 μ_{GS}

和 σ_{GS}^2：

用均匀分布的离散时间点 $t_j = T_0 + j\Delta T$ $(j = 0,1,2,\cdots,n)$ 表示对区间 $[T_0, T]$ 的分割，其中 $\Delta T = \dfrac{T - T_0}{n}$，$t_n = T$。由于 $[T_0, T]$ 既是期权的合同期又是资产的平均时段，所以当前时刻 $t \in [T_0, T]$，即 t 落在平均时段之中，这时必然存在某个离散时间点 t_k，使得 $t = t_k + \lambda \Delta t, 0 \leqslant k \leqslant n-1, 0 \leqslant \lambda \leqslant 1$。因此时 $S(t_1), S(t_2), \cdots, S(t_k), S(t)$ 都是已知的，因而

$$G_S(T) = [S(t_1)S(t_2)\cdots S(t_k)]^{\frac{1}{n}} S(t)^{\frac{(n-k)}{n}} \left\{ \frac{S(t_n)}{S(t_{n-1})} \left[\frac{S(t_{n-1})}{S(t_{n-2})}\right]^2 \cdots \left[\frac{S(t_{k+1})}{S(t)}\right]^{n-k} \right\}^{\frac{1}{n}}$$

令

$$\widetilde{S}(t) = [S(t_1)S(t_2)\cdots S(t_k)]^{\frac{1}{n}} S(t)^{\frac{(n-k)}{n}}$$

则

$$\ln \frac{G_S(T)}{\widetilde{S}(t)} = \frac{1}{n}\left[\ln \frac{S(t_n)}{S(t_{n-1})} + 2\ln \frac{S(t_{n-1})}{S(t_{n-2})} + \cdots + (n-k-1)\ln \frac{S(t_{k+2})}{S(t_{k+1})} + (n-k)\ln \frac{S(t_{k+1})}{S(t)}\right]$$

又因为 $\dfrac{S(t_{k+1})}{S(t)}, \dfrac{S(t_{k+2})}{S(t_{k+1})}, \cdots, \dfrac{S(t_n)}{S(t_{n-1})}$ 是相互独立的对数正态随机变量，所以有

$$\ln \frac{G_S(T)}{\widetilde{S}(t)} \sim N\left[\left(\mu_{GS} - \frac{\sigma_{GS}^2}{2}\right)\tau, \sigma_{GS}^2 \tau\right]$$

其中：

$$\sigma_{GS}^2 \tau = \sigma_S^2 \Delta t\left[\frac{(n-k)^2}{n^2}(1-\lambda) - \frac{(n-k+1)(n-k)(2n-2k-1)}{6n^2}\right]$$

$$\left(\mu_{GS} - \frac{\sigma_{GS}^2}{2}\right)\tau = \left(\bar{\alpha}_S - \frac{\sigma_S^2}{2}\right)\Delta t\left[\frac{n-k}{n}(1-\lambda) + \frac{(n-k-1)(n-k)}{2n}\right]$$

解以上两个式子，可得

$$\mu_{GS} = \frac{\bar{\alpha}_S \Delta t}{\tau}\left[\frac{n-k}{n}(1-\lambda) + \frac{(n-k-1)(n-k)}{2n}\right] + \frac{\sigma_S^2 \Delta t}{2\tau}\left[\frac{k^2 - nk}{n^2}(1-\lambda) + \right.$$

$$\left. \frac{2(n-k)^3\left(3n - \frac{1}{2}\right)(1+k-n)}{6n^2}\right]$$

$$\sigma_{GS}^2 = \frac{1}{\tau}\sigma_S^2 \Delta t\left[\frac{(n-k)^2}{n^2}(1-\lambda) - \frac{(n-k+1)(n-k)(2n-2k-1)}{6n^2}\right]$$

类似上面的解法,可以得到

$$\mu_{GF} = \frac{\overline{\alpha}_F \Delta t}{\tau}\left[\frac{n-k}{n}(1-\lambda) + \frac{(n-k-1)(n-k)}{2n}\right] + \frac{\sigma_F^2 \Delta t}{2\tau}\left[\frac{k^2-nk}{n^2}(1-\lambda) + \right.$$

$$\left. \frac{2(n-k)^3\left(3n-\frac{1}{2}\right)(1+k-n)}{6n^2}\right]$$

$$\sigma_{GF}^2 = \frac{1}{\tau}\sigma_F^2 \Delta t\left[\frac{(n-k)^2}{n^2}(1-\lambda) - \frac{(n-k+1)(n-k)(2n-2k-1)}{6n^2}\right]$$

4.1.2.4　期权标的资产

为了方便讨论,此处利用乘积的方式将资产的离散几何平均值和汇率的离散几何平均值转化成一个资产,即 $\varphi = G_S G_F$。φ 的价格扩散过程为对数正态,可表示为

$$\frac{\mathrm{d}\varphi(t)}{\varphi(t)} = \mu_\varphi \mathrm{d}t + \sigma_\varphi \mathrm{d}w_t^\varphi$$

式中,φ 的漂移率常数为 $\mu_\varphi = \mu_{GS} + \mu_{GF} + \rho_{GSGF}\sigma_{GS}\sigma_{GF}$;$\varphi$ 的波动率常数为 $\sigma_\varphi = (\sigma_{GS}^2 + \sigma_{GF}^2 + 2\rho_{GSGF}\sigma_{GS}\sigma_{GF})^{\frac{1}{2}}$;$\mathrm{d}w_t^\varphi$ 是标准 Wiener 过程。

4.1.2.5　分布函数及其分布密度

由于国内货币给出的国外股票价格的离散几何平均值 φ 遵循的是对数正态扩散过程,所以随机变量 $H_\xi = \ln\frac{\varphi(\xi)}{\varphi(t)}$ 的过程是正态的,其波动率为 $\sigma_H = \sigma_\varphi$,漂移率为 $\mu_H = \mu_\varphi - \frac{\sigma_\varphi^2}{2}$,$\varphi(t)$ 是当前时刻(t 时)国内货币给出的国外股票价格的离散几何平均值。

定义随机变量:

$$y_T = \ln\frac{m_t^T}{\varphi(t)} = \min\{H_\xi, t \leqslant \xi \leqslant T\}$$

$$y = \ln\frac{m_{T_0}^t}{\varphi(t)} = \min\{H_\xi, T_0 \leqslant \xi \leqslant t\}$$

y 为已知量。通过计算可得如下分布函数:

$$P(y_T \geqslant y) = N\left(\frac{-y+\mu_H\tau}{\sigma_H\sqrt{\tau}}\right) - \exp\left(\frac{2\mu_H y}{\sigma_H^2}\right) \cdot N\left(\frac{y+\mu_H\tau}{\sigma_H\sqrt{\tau}}\right) \tag{4-3}$$

式中，$y \leqslant 0$；$\tau = T - t$。

式（4-3）所对应的密度函数为

$$f(y) = \frac{\partial}{\partial y} P(y_T < y) = \frac{\partial}{\partial y} [1 - P(y_T \geqslant y)]$$

$$= \frac{1}{\sigma_H \sqrt{\tau}} n\left(\frac{-y + \mu_H \tau}{\sigma_H \sqrt{\tau}}\right) + \frac{2\mu_H}{\sigma_H^2} \exp\left(\frac{2\mu_H y}{\sigma_H^2}\right) \cdot N\left(\frac{y + \mu_H \tau}{\sigma_H \sqrt{\tau}}\right) +$$

$$\exp\left(\frac{2\mu_H y}{\sigma_H^2}\right) \cdot \frac{1}{\sigma_H \sqrt{\tau}} n\left(\frac{y + \mu_H \tau}{\sigma_H \sqrt{\tau}}\right)$$

4.1.3　期权定价公式及其求解

4.1.3.1　模型的求解

根据风险中性期望折现方法，随机汇率条件下国外股票几何平均回望买入期权的价格为

$$C(\varphi, m_{T_0}^t, \tau) = \exp(-r\tau) E[\varphi(T) - \min(m_{T_0}^t, m_t^T)]$$

式中，E 是风险中性世界中的期望算子。

又因为 $\exp(-r\tau) E[\varphi(T)] = \varphi(t)$，且在当前时刻 $m_{T_0}^t$ 是已知量，而 m_t^T 的分布和式（4-3）中的分布函数有关，所以下面考虑：

$$E[\min(m_{T_0}^t, m_t^T)] = E(m_{T_0}^t \mid m_{T_0}^t \leqslant m_t^T) + E(m_t^T \mid m_{T_0}^t > m_t^T)$$

$$= m_{T_0}^t P(m_{T_0}^t \leqslant m_t^T) + E(m_t^T \mid m_{T_0}^t > m_t^T) \quad (4\text{-}4)$$

①先计算式（4-4）右边第一项：

$$m_{T_0}^t P(m_{T_0}^t \leqslant m_t^T) = m_{T_0}^t P\left[\ln \frac{m_{T_0}^t}{\varphi(t)} \leqslant \ln \frac{m_t^T}{\varphi(t)}\right] = m_{T_0}^t P(y \leqslant y_T) \quad (4\text{-}5)$$

将式（4-3）带入式（4-5）可得

$$m_{T_0}^t P(m_{T_0}^t \leqslant m_t^T)$$

$$= m_{T_0}^t \left\{ N\left[\frac{-\ln \frac{m_{T_0}^t}{\varphi(t)} + \mu_H \tau}{\sigma_H \sqrt{\tau}}\right] - \exp\left[\frac{2\mu_H \ln \frac{m_{T_0}^t}{\varphi(t)}}{\sigma_H^2}\right] \cdot N\left[\frac{\ln \frac{m_{T_0}^t}{\varphi(t)} + \mu_H \tau}{\sigma_H \sqrt{\tau}}\right] \right\}$$

$$=m_{T_0}^t\left\{N\left[\dfrac{-\ln\dfrac{m_{T_0}^t}{\varphi(t)}+\left(\mu_\varphi-\dfrac{\sigma_\varphi^2}{2}\right)\tau}{\sigma_\varphi\sqrt{\tau}}\right]-\exp\left[\dfrac{2\left(\mu_\varphi-\dfrac{\sigma_\varphi^2}{2}\right)\ln\dfrac{m_{T_0}^t}{\varphi(t)}}{\sigma_\varphi^2}\right]\cdot\right.$$

$$\left.N\left[\dfrac{\ln\dfrac{m_{T_0}^t}{\varphi(t)}+\left(\mu_\varphi-\dfrac{\sigma_\varphi^2}{2}\right)\tau}{\sigma_\varphi\sqrt{\tau}}\right]\right\}$$

$$=m_{T_0}^t\left\{N\left[\dfrac{-\ln\dfrac{m_{T_0}^t}{\varphi(t)}+\left(\mu_\varphi-\dfrac{\sigma_\varphi^2}{2}\right)\tau}{\sigma_\varphi\sqrt{\tau}}\right]-\left[\dfrac{m_{T_0}^t}{\varphi(t)}\right]^{\left(\frac{2\mu_\varphi}{\sigma_\varphi^2}-1\right)}\cdot N\left[\dfrac{\ln\dfrac{m_{T_0}^t}{\varphi(t)}+\left(\mu_\varphi-\dfrac{\sigma_\varphi^2}{2}\right)\tau}{\sigma_\varphi\sqrt{\tau}}\right]\right\}$$

②计算式(4-4)右边的第二项：

$$E(m_t^T\mid m_{T_0}^t>m_t^T)=E\left[\varphi(t)\exp(y_T)\,\middle|\,\ln\dfrac{m_{T_0}^t}{\varphi(t)}>\ln\dfrac{m_t^T}{\varphi(t)}\right]$$

$$=E\left[\varphi(t)\exp(y_T)\,\middle|\,\ln\dfrac{m_{T_0}^t}{\varphi(t)}>y_T\right]$$

$$=\int_{-\infty}^{\ln\frac{m_{T_0}^t}{\varphi(t)}}\varphi(t)\exp(y_T)f(y_T)\mathrm{d}y_T$$

$$=\int_{-\infty}^{\ln\frac{m_{T_0}^t}{\varphi(t)}}\varphi(t)\exp(y_T)\left[\dfrac{1}{\sigma_H\sqrt{\tau}}\cdot n\left(\dfrac{-y_T+\mu_H\tau}{\sigma_H\sqrt{\tau}}\right)+\right.$$

$$\dfrac{2\mu_H}{\sigma_H^2}\exp\left(\dfrac{2\mu_Hy_T}{\sigma_H^2}\right)\cdot N\left(\dfrac{y_T+\mu_H\tau}{\sigma_H\sqrt{\tau}}\right)+$$

$$\left.\exp\left(\dfrac{2\mu_Hy_T}{\sigma_H^2}\right)\cdot\dfrac{1}{\sigma_H\sqrt{\tau}}\cdot n\left(\dfrac{y_T+\mu_H\tau}{\sigma_H\sqrt{\tau}}\right)\right]\mathrm{d}y_T \qquad(4\text{-}6)$$

式(4-6)可分成如下三部分：

$$A_1=\int_{-\infty}^{\ln\frac{m_{T_0}^t}{\varphi(t)}}\varphi(t)\exp(y_T)\cdot\dfrac{1}{\sigma_H\sqrt{\tau}}\cdot n\left(\dfrac{-y_T+\mu_H\tau}{\sigma_H\sqrt{\tau}}\right)\mathrm{d}y_T$$

$$A_2=\int_{-\infty}^{\ln\frac{m_{T_0}^t}{\varphi(t)}}\varphi(t)\exp(y_T)\cdot\dfrac{2\mu_H}{\sigma_H^2}\exp\left(\dfrac{2\mu_Hy_T}{\sigma_H^2}\right)\cdot N\left(\dfrac{y_T+\mu_H\tau}{\sigma_H\sqrt{\tau}}\right)\mathrm{d}y_T$$

$$A_3=\int_{-\infty}^{\ln\frac{m_{T_0}^t}{\varphi(t)}}\varphi(t)\exp(y_T)\left[\exp\left(\dfrac{2\mu_Hy_T}{\sigma_H^2}\right)\cdot\dfrac{1}{\sigma_H\sqrt{\tau}}n\left(\dfrac{y_T+\mu_H\tau}{\sigma_H\sqrt{\tau}}\right)\right]\mathrm{d}y_T$$

A_1、A_2、A_3 式的计算过程如下：

$$A_1 = \int_{-\infty}^{\ln\frac{m_{T_0}^t}{\varphi(t)}} \frac{\varphi(t)}{\sigma_H\sqrt{\tau}} \frac{1}{\sqrt{2\pi}} \exp\left[y_T - \frac{\left(\frac{-y_T + \mu_H\tau}{\sigma_H\sqrt{\tau}}\right)^2}{2}\right] dy_T$$

$$= \int_{-\infty}^{\ln\frac{m_{T_0}^t}{\varphi(t)}} \frac{\varphi(t)}{\sigma_H\sqrt{2\pi\tau}} \exp\left[y_T - \frac{(-y_T + \mu_H\tau)^2}{2\sigma_H^2\tau}\right] dy_T$$

$$= \int_{-\infty}^{\ln\frac{m_{T_0}^t}{\varphi(t)}} \frac{\varphi(t)}{\sigma_H\sqrt{2\pi\tau}} \exp\left[\left(-\frac{1}{2\sigma_H^2\tau}\right)\left\{[y_T - (\sigma_H^2 + \mu_H)\tau]^2\right\} + \left(\frac{\sigma_H^2}{2} + \mu_H\right)\tau\right] dy_T$$

$$= \frac{\varphi(t)\exp\left(\frac{\sigma_H^2}{2} + \mu_H\right)\tau}{\sigma_H\sqrt{2\pi\tau}} \int_{-\infty}^{\ln\frac{m_{T_0}^t}{\varphi(t)}} \exp\left\{-\frac{[y_T - (\sigma_H^2 + \mu_H)\tau]^2}{2\sigma_H^2\tau}\right\} dy_T$$

$$= \varphi(t)\exp(\mu_\varphi\tau)N(-d_1) \left[d_1 = \frac{-\ln\frac{m_{T_0}^t}{\varphi(t)} + \left(\mu_\varphi + \frac{\sigma_H^2}{2}\right)\tau}{\sigma_H\sqrt{\tau}}\right]$$

$$A_2 = \frac{2\mu_H}{\sigma_H^2} \int_{-\infty}^{\ln\frac{m_{T_0}^t}{\varphi(t)}} \varphi(t) \exp\left(y_T + \frac{2\mu_H y_T}{\sigma_H^2}\right) \cdot N\left(\frac{y_T + \mu_H\tau}{\sigma_H\sqrt{\tau}}\right) dy_T$$

$$= \frac{2\mu_H}{\sigma_H^2} \frac{\sigma_H^2\varphi(t)}{\sigma_H^2 + 2\mu_H} \int_{-\infty}^{\ln\frac{m_{T_0}^t}{\varphi(t)}} N\left(\frac{y_T + \mu_H\tau}{\sigma_H\sqrt{\tau}}\right) d\left[\exp\left(\frac{(\sigma_H^2 + 2\mu_H)y_T}{\sigma_H^2}\right)\right]$$

$$= \frac{2\mu_H\varphi(t)}{\sigma_H^2 + 2\mu_H} \left\{\exp\left[\frac{(\sigma_H^2 + 2\mu_H)y_T}{\sigma_H^2}\right] \cdot N\left(\frac{y_T + \mu_H\tau}{\sigma_H\sqrt{\tau}}\right)\right\}\bigg|_{-\infty}^{\ln\frac{m_{T_0}^t}{\varphi(t)}} -$$

$$\frac{2\mu_H\varphi(t)}{\sigma_H^2 + 2\mu_H} \int_{-\infty}^{\ln\frac{m_{T_0}^t}{\varphi(t)}} \exp\left[\frac{(\sigma_H^2 + 2\mu_H)y_T}{\sigma_H^2}\right] dN\left(\frac{y_T + \mu_H\tau}{\sigma_H\sqrt{\tau}}\right)$$

$$= \frac{2\mu_H\varphi(t)}{\sigma_H^2 + 2\mu_H} \left\{\exp\left[\frac{(\sigma_H^2 + 2\mu_H)\ln\frac{m_{T_0}^t}{\varphi(t)}}{\sigma_H^2}\right] \cdot N\left[\frac{\ln\frac{m_{T_0}^t}{\varphi(t)} + \mu_H\tau}{\sigma_H\sqrt{\tau}}\right]\right\} -$$

$$\frac{2\mu_H\varphi(t)}{\sigma_H^2 + 2\mu_H} \int_{-\infty}^{\ln\frac{m_{T_0}^t}{\varphi(t)}} \exp\left[\frac{(\sigma_H^2 + 2\mu_H)y_T}{\sigma_H^2}\right] \frac{1}{\sigma_H\sqrt{2\pi\tau}} \exp\left[-\frac{\left(\frac{y_T + \mu_H\tau}{\sigma_H\sqrt{\tau}}\right)^2}{2}\right] dy_T$$

$$(4\text{-}7)$$

计算式(4-7)中的各项：

$$\frac{2\mu_H\varphi(t)}{\sigma_H^2+2\mu_H}=\frac{2\left(\mu_\varphi-\frac{\sigma_\varphi^2}{2}\right)\varphi(t)}{\sigma_\varphi^2+2\left(\mu_\varphi-\frac{\sigma_\varphi^2}{2}\right)}=\frac{(2\mu_\varphi-\sigma_\varphi^2)\varphi(t)}{2\mu_\varphi}=\left(1-\frac{\sigma_\varphi^2}{2\mu_\varphi}\right)\varphi(t),$$

$$\exp\left[\frac{(\sigma_H^2+2\mu_H)\ln\frac{m_{T_0}^t}{\varphi(t)}}{\sigma_H^2}\right]=\exp\left[\frac{\sigma_\varphi^2+2\left(\mu_\varphi-\frac{\sigma_\varphi^2}{2}\right)}{\sigma_\varphi^2}\ln\frac{m_{T_0}^t}{\varphi(t)}\right]$$

$$=\exp\left[\left(\frac{2\mu_\varphi}{\sigma_\varphi^2}\right)\ln\frac{m_{T_0}^t}{\varphi(t)}\right]=\left[\frac{m_{T_0}^t}{\varphi(t)}\right]^{\left(\frac{2\mu_\varphi}{\sigma_\varphi^2}\right)},$$

$$N\left[\frac{\ln\frac{m_{T_0}^t}{\varphi(t)}+\mu_H\tau}{\sigma_H\sqrt{\tau}}\right]=N\left[\frac{\ln\frac{m_{T_0}^t}{\varphi(t)}+\left(\mu_\varphi-\frac{\sigma_\varphi^2}{2}\right)\tau}{\sigma_\varphi\sqrt{\tau}}\right]$$

$$=N\left[\frac{\ln\frac{m_{T_0}^t}{\varphi(t)}-\left(\mu_\varphi+\frac{\sigma_\varphi^2}{2}\right)\tau}{\sigma_\varphi\sqrt{\tau}}+\frac{2\mu_\varphi}{\sigma_\varphi}\sqrt{\tau}\right]=N\left(-d_1+\frac{2\mu_\varphi}{\sigma_\varphi}\sqrt{\tau}\right),$$

$$\exp\left\{\frac{\left[\sigma_\varphi^2+2\left(\mu_\varphi-\frac{\sigma_\varphi^2}{2}\right)\right]y_T}{\sigma_\varphi^2}\right\}=\exp\left(\frac{2\mu_\varphi y_T}{\sigma_\varphi^2}\right)$$

将上述结果代入 A_2，得

$$A_2=\left(1-\frac{\sigma_\varphi^2}{2\mu_\varphi}\right)\varphi(t)\left\{\left[\frac{m_{T_0}^t}{\varphi(t)}\right]^{\left(\frac{2\mu_\varphi}{\sigma_\varphi^2}\right)}\cdot N\left(-d_1+\frac{2\mu_\varphi}{\sigma_\varphi}\sqrt{\tau}\right)-\exp(\mu_\varphi\tau)N(-d_1)\right\}$$

$$A_3=\int_{-\infty}^{\ln\frac{m_{T_0}^t}{\varphi(t)}}\frac{\varphi(t)\exp(y_T)}{\sigma_H\sqrt{\tau}}\exp\left(\frac{2\mu_H y_T}{\sigma_H^2}\right)\cdot\frac{1}{\sqrt{2\pi}}\exp\left[-\frac{1}{2}\left(\frac{y_T+\mu_H\tau}{\sigma_H\sqrt{\tau}}\right)^2\right]\mathrm{d}y_T$$

$$=\int_{-\infty}^{\ln\frac{m_{T_0}^t}{\varphi(t)}}\frac{\varphi(t)\exp(y_T)}{\sigma_H\sqrt{\tau}}\frac{1}{\sqrt{2\pi}}\exp\left[\frac{2\mu_H y_T}{\sigma_H^2}-\frac{1}{2}\left(\frac{y_T+\mu_H\tau}{\sigma_H\sqrt{\tau}}\right)^2\right]\mathrm{d}y_T$$

$$=\int_{-\infty}^{\ln\frac{m_{T_0}^t}{\varphi(t)}}\frac{\varphi(t)\exp(y_T)}{\sigma_H\sqrt{\tau}}\cdot n\left(\frac{-y_T+\mu_H\tau}{\sigma_H\sqrt{\tau}}\right)\mathrm{d}y_T$$

$$=\varphi(t)\exp(\mu_\varphi\tau)N(-d_1)=A_1$$

综上可得

$$E[\min(m^t_{T_0}, m^T_t)] = m^t_{T_0} \left\{ N\left[\frac{-\ln \frac{m^t_{T_0}}{\varphi(t)} + \left(\mu_\varphi - \frac{\sigma_\varphi^2}{2}\right)\tau}{\sigma_\varphi \sqrt{\tau}} \right] - \left[\frac{m^t_{T_0}}{\varphi(t)}\right]^{\left(\frac{2\mu_\varphi}{\sigma_\varphi^2}-1\right)} \cdot \right.$$

$$\left. N\left[\frac{\ln \frac{m^t_{T_0}}{\varphi(t)} + \left(\mu_\varphi - \frac{\sigma_\varphi^2}{2}\right)\tau}{\sigma_\varphi \sqrt{\tau}} \right] \right\} + 2\varphi(t)\exp(\mu_\varphi \tau)N(-d_1) + \left(1 - \frac{\sigma_\varphi^2}{2\mu_\varphi}\right) \cdot$$

$$\varphi(t)\left\{ \left[\frac{m^t_{T_0}}{\varphi(t)}\right]^{\left(\frac{2\mu_\varphi}{\sigma_\varphi^2}\right)} N\left(-d_1 + \frac{2\mu_\varphi}{\sigma_\varphi}\sqrt{\tau}\right) - \exp(\mu_\varphi \tau)N(-d_1) \right\}$$

整理得

$$E[\min(m^t_{T_0}, m^T_t)] = m^t_{T_0}\left\{ N(d_1 - \sigma_\varphi \sqrt{\tau}) - \left[\frac{m^t_{T_0}}{\varphi(t)}\right]^{\left(\frac{2\mu_\varphi}{\sigma_\varphi^2}-1\right)} N\left(-d_1 - \frac{2\mu_\varphi \sqrt{\tau}}{\sigma_\varphi}\right) \right\} +$$

$$2\varphi(t)\exp(\mu_\varphi \tau)N(-d_1) + \left(1 - \frac{\sigma_\varphi^2}{2\mu_\varphi}\right)\varphi(t)\left\{ \left[\frac{m^t_{T_0}}{\varphi(t)}\right]^{\left(\frac{2\mu_\varphi}{\sigma_\varphi^2}\right)} N\left(-d_1 + \frac{2\mu_\varphi}{\sigma_\varphi}\sqrt{\tau}\right) - \right.$$

$$\left. \exp(\mu_\varphi \tau)N(-d_1) \right\}$$

式中,$d_1 = \dfrac{-\ln \frac{m^t_{T_0}}{\varphi(t)} + \left(\mu_\varphi + \frac{\sigma_H^2}{2}\right)\tau}{\sigma_H \sqrt{\tau}}$。

4.1.3.2　模型结论

合并上节中的各项计算结果,可以得到基于随机汇率条件下国外股票几何平均亚式回望期权的定价公式:

$$C(\varphi, m^t_{T_0}, \tau) = \exp(-r\tau)E[\varphi(T) - \min(m^t_{T_0}, m^T_t)]$$

$$= \exp(-r\tau)E[\varphi(T)] - \exp(-r\tau)E[\min(m^t_{T_0}, m^T_t)]$$

$$= \varphi(t) - \exp(-r\tau)\left(m^t_{T_0}\left\{ N(d_1 - \sigma_\varphi \sqrt{\tau}) - \left[\frac{m^t_{T_0}}{\varphi(t)}\right]^{\left(\frac{2\mu_\varphi}{\sigma_\varphi^2}-1\right)} \cdot \right.\right.$$

$$\left. N\left(-d_1 - \frac{2\mu_\varphi \sqrt{\tau}}{\sigma_\varphi}\right) \right\} + 2\varphi(t)\exp(\mu_\varphi \tau)N(-d_1) + \left(1 - \frac{\sigma_\varphi^2}{2\mu_\varphi}\right) \cdot$$

$$\varphi(t)\left\{\left[\frac{m_{T_0}^t}{\varphi(t)}\right]^{\left(\frac{2\mu_\varphi}{\sigma_\varphi^2}\right)}\cdot N\left(-d_1+\frac{2\mu_\varphi}{\sigma_\varphi}\sqrt{\tau}\right)-\exp(\mu_\varphi\tau)N(-d_1)\right\}\right)$$

化简上式可得

$$C(\varphi,m_{T_0}^t,\tau)=\varphi(t)-\varphi(t)\exp[(\mu_\varphi-r)t]\cdot N(-d_1)-\exp(-r\tau)m_{T_0}^t\cdot N(d_1-\sigma_\varphi\sqrt{\tau})+$$

$$\exp(-r\tau)\frac{\sigma_\varphi^2}{2\mu_\varphi}\varphi(t)\left\{\left[\frac{m_{T_0}^t}{\varphi(t)}\right]^{\left(\frac{2\mu_\varphi}{\sigma_\varphi^2}\right)}\cdot N\left(-d_1+\frac{2\mu_\varphi}{\sigma_\varphi}\sqrt{\tau}\right)-\exp(\mu_\varphi\tau)N(-d_1)\right\}$$

式中，$d_1=\dfrac{-\ln\dfrac{m_{T_0}^t}{\varphi(t)}+\left(\mu_\varphi+\dfrac{\sigma_H^2}{2}\right)\tau}{\sigma_H\sqrt{\tau}}$。

上述研究中,本节只考虑了离散的情况,这是因为在实际交易中,所有亚式期权的标的变量都是采用离散的平均方式。当 $n\to\infty$ 时,离散几何平均即成为连续几何平均,由此可求得基于随机汇率条件下国外股票连续几何平均亚式回望期权的定价公式。在本节研究结果的基础上,还可以进一步考虑国内外无风险利率参数 r 和 r_f 是随机变量的情况。例如,在传统经典模型的基础上,若假定利率遵从高斯利率过程,违约强度函数遵从 Poisson 随机过程,就可得到不完全市场下汇率随机时国外股票的几何平均亚式回望期权的定价公式。

4.2 债务随机时的有信用风险几何平均亚式期权

4.2.1 亚式期权简介

亚式期权又称为平均价格期权或平均期权,与标准期权不同,亚式期权是一种路径依赖的新型期权,其到期收益函数依赖于事先约定的某一特定时间段内标的资产某种形式的平均。亚式看涨期权有两种主要类型,平均资产价期权赋予持有者在约定的时刻以约定的价格来取得标的资产在某一特定时间段内的平均值的权利,其到期收益函数为 $\max(A-K,0)$;另一类是平均执行价期权,它的执行价格不是常数而是标的资产的某种平均,其到期收益函数为 $\max(S_T - A, 0)$,其中 A 表示标的资产某种形式的平均,如算术平均、几何平均等。

普通的平均形式有以下 4 种。

①离散算术平均:

$$A = \frac{1}{n} \sum_{i=1}^{n} S_{t_i}$$

②离散几何平均:

$$G = \left(\prod_{i=1}^{n} S_{t_i} \right)^{\frac{1}{n}}$$

③连续算术平均:

$$A = \frac{1}{T_2 - T_1} \int_{T_1}^{T_2} S_t \, dt$$

④连续几何平均:

$$G = \exp\left(\frac{1}{T_2 - T_1} \int_{T_1}^{T_2} \ln S_t \, dt \right)$$

这里 S_{t_i} 是在离散时刻 $t_i (i = 1, 2, \cdots, n)$ 的资产价格,$[T_1, T_2]$ 是取平均的区间。

投资者的风险暴露有时并非某一时刻资产的价格波动,而是一段时间内各时点资产的价格波动,如某企业一年内每个月都会收到国外客户的贷款(外币),那么其风险暴露便是一年内每个月汇率的波动。与在一时间段内一系列交易有关的风险暴露相比,亚式期权是一种理想的套期保值工具。正因为如此,亚式期权在 OTC 市场广受交易者的青睐。相对标准期权而言,亚式期权能缓解市场价格的操纵行为,能一定程度地节约风险管理成本,特别是在外汇市场等方面有其明显优势。

我们在 Black-Scholes 的市场模型及假设下描述亚式期权,假设标的资产不支付红利,并且只研究离散的情况,因为在实际交易中,所有亚式期权的标的都是采用离散的平均方式,讨论连续的情况只是为了学术研究上的方便而已。

4.2.2 模型分析

4.2.2.1 关于资产价格、企业价值和债务的相关说明

考虑某个在市场上交易的资产,其价格为 $S(t)$,该资产所属企业的企业价值为

$V(t)$，企业债务为 $D(t)$。假设资产的价格、企业价值和债务都遵循几何布朗运动：

$$\begin{cases} \dfrac{\mathrm{d}S(t)}{S(t)} = u_S \mathrm{d}t + \sigma_S \mathrm{d}w_t^S \\[3mm] \dfrac{\mathrm{d}V(t)}{V(t)} = u_V \mathrm{d}t + \sigma_V \mathrm{d}w_t^V \\[3mm] \dfrac{\mathrm{d}D(t)}{D(t)} = u_D \mathrm{d}t + \sigma_D \mathrm{d}w_t^D \end{cases} \tag{4-8}$$

式中，u_S、u_V、u_D 和 σ_S、σ_V、σ_D 分别表示资产价格、企业价值、债务的（瞬时）期望收益率和波动率，它们都是常数。w_t^S、w_t^V 和 w_t^D 是测度 P 下的标准 Wiener 过程，用 ρ_{SV}、ρ_{SD}、ρ_{VD} 分别表示标准 Wiener 过程中 w_t^S 和 w_t^V、w_t^S 和 w_t^D、w_t^V 和 w_t^D 的相关系数，即

$$\mathrm{Cov}(\mathrm{d}w_t^S, \mathrm{d}w_t^V) = \rho_{SV} \mathrm{d}t$$

$$\mathrm{Cov}(\mathrm{d}w_t^S, \mathrm{d}w_t^D) = \rho_{SD} \mathrm{d}t$$

$$\mathrm{Cov}(\mathrm{d}w_t^V, \mathrm{d}w_t^D) = \rho_{VD} \mathrm{d}t$$

式中，t 是当前时刻；T 是期权到期时刻，且 $t < T$。

4.2.2.2　关于企业支付比的说明

设期权的允诺支付为 $X(T)$，而破产（破产是规定在 T 时刻才有可能发生的）后的支付为 $X^d(T) = X(T)\delta_T$，其中 $0 \leqslant \delta_T < 1$，称 δ_T 为支付比。

常设

$$\delta_T = \frac{V(T)}{D(T)}$$

式中，$V(T)$ 为 T 时全部资产；$D(T)$ 为 T 时全部债务。

而本节所讨论的企业价值取为 $G_2(T)$（企业价值 V_t 在时间段 $[T_0, T]$ 上的离散几何平均值），故

$$\delta_T = \frac{G_2(T)}{D(T)}, \delta_t = \frac{G_2(t)}{D(t)}$$

式中，$G_2(t) = \mathrm{e}^{-rt} G_2(T)$；$D(t) = \mathrm{e}^{-rt} D(T)$。

由上式显然可以得到

$$\delta_T = \delta_t \exp\left[\left(\frac{1}{2}\sigma_D^2 - \frac{1}{2}\sigma_{G_2}^2\right)\tau + \sigma_\delta(\widetilde{w}_T^\delta - \widetilde{w}_t^\delta)\right]$$

$$\sigma_\delta = \sqrt{\sigma_{G_2}^2 + \sigma_D^2 - 2\rho_{G_2 D}\sigma_{G_2}\sigma_D}, \rho_{G_1\delta} = \frac{\rho_{G_1 G_2}\sigma_{G_2} - \rho_{G_1 D}\sigma_D}{\sigma_\delta} \triangleq \rho_{12}$$

式中，$\rho_{G_i M}$ 表示 G_i 和 M 的相关系数，M 可取 D 或者 $G_i(i=1,2)$。

4.2.2.3　等价鞅测度变换

引入新的等价鞅测度 Q（风险中性概率测度），它的定义如下：

$$\frac{\mathrm{d}Q}{\mathrm{d}P} = \exp\left(rw - \frac{1}{2}\mid r \mid^2 t\right)$$

式中，$r=(r_S, r_V, r_D)^T$，$r_S = \frac{r-u_S}{\sigma_S}$，$r_V = \frac{r-u_V}{\sigma_V}$，$r_D = \frac{r-u_D}{\sigma_D}$，$r$ 为银行的无风险利率（常数）；$w=(w_t^S, w_t^V, w_t^D)^T$。

故式（4-8）可以转化为

$$\begin{cases} \dfrac{\mathrm{d}S(t)}{S(t)} = r\,\mathrm{d}t + \sigma_S\,\mathrm{d}\widetilde{w}_t^S \\[2mm] \dfrac{\mathrm{d}V(t)}{V(t)} = r\,\mathrm{d}t + \sigma_V\,\mathrm{d}\widetilde{w}_t^V \\[2mm] \dfrac{\mathrm{d}D(t)}{D(t)} = r\,\mathrm{d}t + \sigma_D\,\mathrm{d}\widetilde{w}_t^D \end{cases} \tag{4-9}$$

式中，r 为银行的无风险利率（常数）；σ_S、σ_V、σ_D 为常数（如前所述）。

$\widetilde{w}_t^S$、$\widetilde{w}_t^V$ 和 $\widetilde{w}_t^D$ 是带 σ-代数流的概率空间 $[\Omega, F, (F_t)_{0\leqslant t\leqslant T}, Q]$ 中的标准 Wiener 过程，且

$$\mathrm{Cov}(\mathrm{d}\widetilde{w}_t^S, \mathrm{d}\widetilde{w}_t^V) = \rho_{SV}\,\mathrm{d}t$$

$$\mathrm{Cov}(\mathrm{d}\widetilde{w}_t^S, \mathrm{d}\widetilde{w}_t^D) = \rho_{SD}\,\mathrm{d}t$$

$$\mathrm{Cov}(\mathrm{d}\widetilde{w}_t^V, \mathrm{d}\widetilde{w}_t^D) = \rho_{VD}\,\mathrm{d}t$$

4.2.2.4　几何平均亚式期权的定义和数学模型

设 $G_1(T)$ 和 $G_2(T)$ 分别是资产价格 S_t 和企业价值 V_t 在时间段 $[T_0, T]$ 上的离散几何平均值，此处仅考虑 $t < T_0$ 的情况，至于 $t \geqslant T_0$ 的情况可类似地进行分析和推导。用 $t_j = T_0 + j\Delta T(j=0,1,2,\cdots,n)$ 表示对区间 $[T_0, T]$ 的分割，$t_n = T$，$\Delta T = \dfrac{T-T_0}{n}$，则 $G_1(T)$ 和 $G_2(T)$ 的表达式为

$$G_1(T) = \sqrt[n]{\prod_{j=1}^{n} S(t_j)} \tag{4-10}$$

$$G_2(T) = \sqrt[n]{\prod_{j=1}^{n} V(t_j)} \tag{4-11}$$

这时 $G_1(T)$、$G_2(T)$ 也遵循几何布朗运动,即

$$\frac{\mathrm{d}G_i(t)}{G_i(t)} = u_{G_i}\,\mathrm{d}t + \sigma_{G_i}\,\mathrm{d}w_t^{G_i},\ (i=1,2)$$

用 $\rho_{G_1G_2}$、ρ_{G_1D}、ρ_{G_2D} 分别表示标准 Wiener 过程中 $w_t^{G_1}$ 和 $w_t^{G_2}$、$w_t^{G_1}$ 和 w_t^{D}、$w_t^{G_2}$ 和 w_t^{D} 的相关系数,即

$$\mathrm{Cov}(\mathrm{d}w_t^{G_1},\mathrm{d}w_t^{G_2}) = \rho_{G_1G_2}\,\mathrm{d}t$$

$$\mathrm{Cov}(\mathrm{d}w_t^{G_1},\mathrm{d}w_t^{D}) = \rho_{G_1D}\,\mathrm{d}t$$

$$\mathrm{Cov}(\mathrm{d}w_t^{G_2},\mathrm{d}w_t^{D}) = \rho_{G_2D}\,\mathrm{d}t$$

又由式(4-9)可以解得

$$S(t_j) = S(t)\exp\left[\left(r - \frac{\sigma_S^2}{2}\right)(t_j - t) + \sigma_S(\widetilde{w}_{t_j}^{S} - \widetilde{w}_{t}^{S})\right] \tag{4-12}$$

$$V(t_j) = V(t)\exp\left[\left(r - \frac{\sigma_V^2}{2}\right)(t_j - t) + \sigma_V(\widetilde{w}_{t_j}^{V} - \widetilde{w}_{t}^{V})\right] \tag{4-13}$$

由式(4-10)和式(4-12)可得

$$G_1(T) = S(t)\exp\left\{\frac{r - \dfrac{\sigma_S^2}{2}}{n}\sum_{j=1}^{n}(t_j - t) + \frac{\sigma_S}{n}\sum_{j=1}^{n}(\widetilde{w}_{t_j}^{S} - \widetilde{w}_{t}^{S})\right\}$$

$$= S(t)\exp\left\{\frac{r - \dfrac{\sigma_S^2}{2}}{n}\sum_{j=1}^{n}(t_j - t) + \frac{\sigma_S}{n}\left[n(\widetilde{w}_{t_1}^{S} - \widetilde{w}_{t}^{S}) + (n-1)(\widetilde{w}_{t_2}^{S} - \widetilde{w}_{t_1}^{S}) + \cdots + \right.\right.$$

$$\left.\left.(\widetilde{w}_{t_n}^{S} - \widetilde{w}_{t_{n-1}}^{S})\right]\right\} \triangleq S(t)\mathrm{e}^{\xi_1} \tag{4-14}$$

因为 $\widetilde{w}_{t_1}^{S} - \widetilde{w}_{t}^{S}$、$\widetilde{w}_{t_j}^{S} - \widetilde{w}_{t_{j-1}}^{S}$ $(j=2,3,\cdots,n)$ 是相互独立的正态随机变量,且

$$(\widetilde{w}_{t_1}^{S} - \widetilde{w}_{t}^{S}) \sim N(0, t_1 - t)$$

$$(\widetilde{w}_{t_j}^S - \widetilde{w}_{t_{j-1}}^S) \sim N(0, \Delta t)$$

故 ξ_1 是一正态随机变量,且

$$E(\xi_1) = \left(r - \frac{\sigma_S^2}{2}\right)\left[(T-t) - \frac{n-1}{2n}(T-T_0)\right] \triangleq \lambda_1$$

$$\text{Var}(\xi_1) = \sigma_S^2\left[(T-t) - \frac{4n^2 - 3n - 1}{6n}(T-T_0)\right] \triangleq \theta_1^2$$

同理可得

$$G_2(T) = V(t)e^{\xi_2}$$

且

$$E(\xi_2) = \lambda_2, \text{Var}(\xi_2) = \theta_2^2$$

设 μ_{G_i}、$\sigma_{G_i}^2$ 分别为 $G_i(T)$ 的期望和方差,$\tau = T - t$,则有

$$\sigma_{G_i}^2 \tau = \lambda_i, \left(\mu_{G_i} - \frac{\sigma_{G_i}^2}{2}\right)\tau = \theta_i^2, (i=1,2)$$

令 $\eta_i = \dfrac{\xi_i - \lambda_i}{\theta_i}, (i=1,2)$,则 $\eta_i \sim N(0,1)$,所以有

$$G_1(T) = S(t)\exp(\lambda_1 + \theta_1\eta_1)$$

$$G_2(T) = V(t)\exp(\lambda_2 + \theta_2\eta_2)$$

4.2.3   债务随机时的有信用风险几何平均亚式期权定价

4.2.3.1   模型的建立

由于违约风险(也称为信用风险)的存在,企业在到期时的支付就被分成两部分:一部分是企业在没有违约时的支付,另一部分是企业发生违约时的补偿支付。因此可以得出企业债务随机时的有信用风险几何平均亚式期权的到期收益为

$$X_T^d = [G_1(T) - K]^+ I_{\{\delta_T \geqslant 1\}} + [G_1(T) - K]^+ \delta_T I_{\{\delta_T < 1\}} \tag{4-15}$$

根据期权定价理论,通过等价鞅测度变换可得该期权在 t 时刻的价值为

$$X_t^d = B_t E_Q \left\{ B_T^{-1} \left[G_1(T) - K \right]^+ (I_{\{\delta T \geqslant 1\}} + \delta_T I_{\{\delta T < 1\}}) \mid F_t \right\} \qquad (4\text{-}16)$$

式中，$\delta_T = \dfrac{G_2(T)}{D(T)}$。

令

$$X_t^d = E_1 - E_2 + E_3 - E_4$$

其中：

$$E_1 = B_t E_Q \left[B_T^{-1} G_1(T) I_{\{G_1(T)>K\}} I_{\{\delta T \geqslant 1\}} \mid F_t \right]$$

$$E_2 = B_t E_Q \left[B_T^{-1} K I_{\{G_1(T)>K\}} I_{\{\delta T \geqslant 1\}} \mid F_t \right]$$

$$E_3 = B_t E_Q \left[B_T^{-1} G_1(T) \delta_T I_{\{G_1(T)>K\}} I_{\{\delta T < 1\}} \mid F_t \right]$$

$$E_4 = B_t E_Q \left[B_T^{-1} K \delta_T I_{\{G_1(T)>K\}} I_{\{\delta T < 1\}} \mid F_t \right]$$

4.2.3.2　模型的求解

假设无风险利率 r 为常数，则

$$B_t E_Q \left[B_T^{-1} \mid F_t \right] = \mathrm{e}^{-r\tau}$$

（1）E_1 的计算

$$E_1 = \mathrm{e}^{-r\tau} E_Q \left[S(t) \exp(\lambda_1 + \theta_1 \eta_1) I_{\{G_1(T)>K\}} I_{\{\delta T \geqslant 1\}} \mid F_t \right]$$

$$= \mathrm{e}^{-r\tau} \int_{-\infty}^{\infty} \int_{-\infty}^{\infty} S(t) \exp(\lambda_1 + \theta_1 \widetilde{Z}_1) I_{\{G_1(T)>K\}} I_{\{\delta T \geqslant 1\}} \cdot$$

$$\frac{1}{2\pi\sqrt{1-\rho_{12}^2}} \exp\left[-\frac{\widetilde{Z}_1^2 - 2\rho_{12}\widetilde{Z}_1\widetilde{Z}_2 + \widetilde{Z}_2^2}{2(1-\rho_{12}^2)} \right] \mathrm{d}\widetilde{Z}_1 \mathrm{d}\widetilde{Z}_2$$

式中，$\widetilde{Z}_1 \sim N(0,1)$；$\widetilde{Z}_2 \sim N(0,1)$。

利用如下等式：

$$-\frac{Z_1^2 - 2\rho Z_1 Z_2 + Z_2^2}{2(1-\rho^2)} + a Z_1 + b Z_2 + c$$

$$= -\frac{(Z_1 - a - \rho b)^2 - 2\rho(Z_1 - a - \rho b)(Z_2 - b - \rho a) + (Z_2 - b - \rho a)^2}{2(1-\rho^2)} +$$

$$\frac{1}{2}a^2 + \rho ab + \frac{1}{2}b^2 + c \tag{4-17}$$

得

$$E_1 = \int_{-\infty}^{\infty}\int_{-\infty}^{\infty} S(t) e^{\frac{1}{2}\theta_1^2 - \lambda_1 - r\tau} I_{\{G_1(T)>K\}} I_{\{\delta T \geqslant 1\}} \cdot \frac{1}{2\pi\sqrt{1-\rho_{12}^2}} \exp\left[-\frac{V_1^2 - 2\rho_{12}V_1 V_2 + V_2^2}{2(1-\rho_{12}^2)}\right] \mathrm{d}\widetilde{Z}_1 \mathrm{d}\widetilde{Z}_2$$

式中，$V_1 = \widetilde{Z}_1 - \theta_1$；$V_2 = \widetilde{Z}_2 - \theta_1$。

按下式定义一个等价的鞅测度 $\dot{Q}$：

$$\frac{\mathrm{d}\dot{Q}}{\mathrm{d}Q} = \exp\left(\alpha\sqrt{T}\widetilde{Z} - \frac{1}{2}\parallel\alpha\parallel^2 T\right) \tag{4-18}$$

式中，$\alpha = \begin{pmatrix}\alpha_1\\\alpha_2\end{pmatrix} = \begin{pmatrix}\theta_1/\sqrt{\tau}\\\theta_2/\sqrt{\tau}\end{pmatrix}$；$\widetilde{Z} = \begin{pmatrix}\widetilde{Z}_1\\\widetilde{Z}_2\end{pmatrix}$。

$\parallel\cdot\parallel$ 表示向量范数，那么根据 Girsanov 定理，

$$\widetilde{Z} = \frac{(\widetilde{w}_T - \widetilde{w}_t)}{\sqrt{T-t}} = \frac{\dot{w}_T - \dot{w}_t + \alpha(T-t)}{\sqrt{T-t}}$$

$$= \dot{Z} + \alpha\sqrt{T-t} \tag{4-19}$$

式中，$\dot{Z} = \begin{pmatrix}\dot{Z}_1\\\dot{Z}_2\end{pmatrix}$。

此时 $\widetilde{Z}$ 是 Q 下的标准正态随机变量，$\dot{Z}$ 是 $\dot{Q}$ 下的标准正态随机变量，$\widetilde{w}$ 见前文定义，$\dot{w}_t$ 是测度 $\dot{Q}$ 下的标准布朗运动。从而

$$E_1 = S(t) e^{\frac{1}{2}\theta_1^2 - \lambda_1 - r\tau} N_2(a_1, a_2, \rho_{12})$$

式中，$N_2(a_1, a_2, \rho_{12}) = \dfrac{\displaystyle\int_{-\infty}^{a_1}\int_{-\infty}^{a_2} \exp\left[\dfrac{-(x^2 - \rho_{12}xy + y^2)}{2(1-\rho_{12}^2)}\right]\mathrm{d}x\,\mathrm{d}y}{2\pi\sqrt{1-\rho_{12}^2}}$。

a_1、a_2 分别由下面两个概率等式所决定：

$$E_{\dot{Q}}[I_{\{G_1(T)>K\}}]=\dot{Q}[G_1(T)>K]$$

$$=\dot{Q}[S(t)e^{\lambda_1+\theta_1(\dot{Z}_1+\theta_1)}>K]$$

$$=\dot{Q}\left[\dot{Z}_1>\frac{\ln\dfrac{K}{S(t)}-\lambda_1-\theta_1^2}{\theta_1}\right]$$

$$=\dot{Q}\left[\dot{Z}_1<\frac{\ln\dfrac{S(t)}{K}+\lambda_1+\theta_1^2}{\theta_1}\right]$$

$$E_{\dot{Q}}[I_{\{\delta_T\geqslant1\}}]=\dot{Q}(\delta_T\geqslant1)$$

$$=\dot{Q}\left\{\delta_t\exp\left[\left(\frac{1}{2}\sigma_D^2-\frac{1}{2}\sigma_{G_2}^2\right)\tau+\sigma_\delta(\dot{w}_T^\delta-\dot{w}_t^\delta+\theta_1\sqrt{\tau})>1\right]\right\}$$

$$=\dot{Q}\left\{\sigma_\delta(\dot{w}_T^\delta-\dot{w}_t^\delta+\theta_1\sqrt{\tau})>-\left[\ln\delta_t+\left(\frac{1}{2}\sigma_D^2-\frac{1}{2}\sigma_{G_2}^2\right)\tau\right]\right\}$$

$$=\dot{Q}\left\{\dot{Z}_2<\frac{\sigma_\delta\theta_1\sqrt{\tau}+\left[\ln\delta_t+\left(\dfrac{1}{2}\sigma_D^2-\dfrac{1}{2}\sigma_{G_2}^2\right)\tau\right]}{\sigma_\delta\sqrt{\tau}}\right\}$$

所以

$$E_1=S(t)e^{\frac{1}{2}\theta_1^2-\lambda_1-r\tau}N_2(a_1,a_2,\rho_{12})$$

其中：

$$a_1=\frac{\ln\dfrac{S(t)}{K}+\lambda_1+\theta_1^2}{\theta_1}$$

$$a_2=\frac{\sigma_\delta\theta_1\sqrt{\tau}+\left[\ln\delta_t+\left(\dfrac{1}{2}\sigma_D^2-\dfrac{1}{2}\sigma_{G_2}^2\right)\tau\right]}{\sigma_\delta\sqrt{\tau}}$$

$$\rho_{12}=\frac{\rho_{G_1G_2}\sigma_{G_2}-\rho_{G_1D}\sigma_D}{\sigma_\delta}$$

（2）E_2 的计算

$$E_2 = B_t E_Q \left[B_T^{-1} K I_{\{G_1(T)>K\}} I_{\{\delta_T \geqslant 1\}} \mid F_t \right]$$

$$= e^{-r\tau} E_Q \left[K I_{\{G_1(T)>K\}} I_{\{\delta_T \geqslant 1\}} \mid F_t \right]$$

$$= e^{-r\tau} \int_{-\infty}^{\infty} \int_{-\infty}^{\infty} K I_{\{G_1(T)>K\}} I_{\{\delta_T \geqslant 1\}} \cdot \frac{1}{2\pi\sqrt{1-\rho_{12}^2}} \exp\left[-\frac{\widetilde{Z}_1^2 - 2\rho_{12}\widetilde{Z}_1\widetilde{Z}_2 + \widetilde{Z}_2^2}{2(1-\rho_{12}^2)} \right] d\widetilde{Z}_1 d\widetilde{Z}_2$$

$$= K e^{-r\tau} N_2(b_1, b_2, \rho_{12})$$

b_1、b_2 分别由下面两个概率等式所决定：

$$E_Q \left[I_{\{G_1(T)>K\}} \right] = Q[G_1(T)>K] = Q[S(t)e^{\lambda_1 + \theta_1 \widetilde{Z}_1} > K]$$

$$= Q\left[\widetilde{Z}_1 > \frac{\ln\dfrac{K}{S(t)} - \lambda_1}{\theta_1} \right] = Q\left[\widetilde{Z}_1 < \frac{\ln\dfrac{S(t)}{K} + \lambda_1}{\theta_1} \right]$$

$$E_Q \left[I_{\{\delta_T \geqslant 1\}} \right] = Q(\delta_T \geqslant 1)$$

$$= Q\left\{ \delta_t \exp\left[\left(\frac{1}{2}\sigma_D^2 - \frac{1}{2}\sigma_{G2}^2 \right)\tau + \sigma_\delta (\widetilde{w}_T^\delta - \widetilde{w}_t^\delta) > 1 \right] \right\}$$

$$= Q\left\{ \sigma_\delta (\widetilde{w}_T^\delta - \widetilde{w}_t^\delta) > -\left[\ln\delta_t + \left(\frac{1}{2}\sigma_D^2 - \frac{1}{2}\sigma_{G2}^2 \right)\tau \right] \right\}$$

$$= Q\left\{ \widetilde{Z}_2 < \frac{\left[\ln\delta_t + \left(\dfrac{1}{2}\sigma_D^2 - \dfrac{1}{2}\sigma_{G2}^2 \right)\tau \right]}{\sigma_\delta\sqrt{\tau}} \right\}$$

所以

$$E_2 = K e^{-r\tau} N_2(b_1, b_2, \rho_{12})$$

其中：

$$b_1 = \frac{\ln\dfrac{S(t)}{K} + \lambda_1}{\theta_1}$$

$$b_2 = \frac{\left[\ln\delta_t + \left(\dfrac{1}{2}\sigma_D^2 - \dfrac{1}{2}\sigma_{G2}^2 \right)\tau \right]}{\sigma_\delta\sqrt{\tau}}$$

$$\rho_{12} = \frac{\rho_{G_1 G_2}\sigma_{G2} - \rho_{G_1 D}\sigma_D}{\sigma_\delta}$$

（3）E_3 的计算

$$E_3 = B_t E_Q \big[B_T^{-1} G_1(T) \delta_T I_{\{G_1(T)>K\}} I_{\{\delta T<1\}} \mid F_t \big]$$

$$= \mathrm{e}^{-r\tau} E_Q \Big\{ S(t) \exp(\lambda_1 + \theta_1 \widetilde{Z}_1) \delta_t \cdot \exp \Big[\Big(\frac{1}{2} \sigma_D^2 - \frac{1}{2} \sigma_{G_2}^2 \Big) \tau +$$

$$\sigma_\delta (\widetilde{w}_T^\delta - \widetilde{w}_t^\delta) \Big] I_{\{G_1(T)>K\}} I_{\{\delta T<1\}} \mid F_t \Big\}$$

$$= \mathrm{e}^{-r\tau} \int_{-\infty}^{\infty} \int_{-\infty}^{\infty} S(t) \exp(\lambda_1 + \theta_1 \widetilde{Z}_1) \delta_t \cdot \exp \Big[\Big(\frac{1}{2} \sigma_D^2 - \frac{1}{2} \sigma_{G_2}^2 \Big) \tau +$$

$$\sigma_\delta (\widetilde{w}_T^\delta - \widetilde{w}_t^\delta) \Big] I_{\{G_1(T)>K\}} I_{\{\delta T<1\}} \cdot$$

$$\frac{1}{2\pi \sqrt{1-\rho_{12}^2}} \exp \Big[- \frac{\widetilde{Z}_1^2 - 2\rho_{12} \widetilde{Z}_1 \widetilde{Z}_2 + \widetilde{Z}_2^2}{2(1-\rho_{12}^2)} \Big] \mathrm{d}\widetilde{Z}_1 \mathrm{d}\widetilde{Z}_2$$

利用式（4-17）可得

$$E_3 = \mathrm{e}^{-r\tau} \int_{-\infty}^{\infty} \int_{-\infty}^{\infty} S(t) \delta_t \cdot \exp(w) I_{\{G_1(T)>K\}} I_{\{\delta T<1\}} \cdot$$

$$\frac{1}{2\pi \sqrt{1-\rho_{12}^2}} \exp \Big[- \frac{V_1^2 - 2\rho_{12} V_1 V_2 + V_2^2}{2(1-\rho_{12}^2)} \Big] \mathrm{d}\widetilde{Z}_1 \mathrm{d}\widetilde{Z}_2$$

其中：

$$V_1 = \widetilde{Z}_1 - \theta_1 - \sigma_\delta \sqrt{\tau} \rho_{12}$$

$$V_2 = \widetilde{Z}_2 - \theta_1 \rho_{12} - \sigma_\delta \sqrt{\tau}$$

$$w = \sigma_\delta \sqrt{\tau} \rho_{12} \theta_1 - \frac{\theta_1^2}{2} - \lambda_1 - \frac{(\sigma_D^2 + \sigma_\delta^2 - \sigma_{G_2}^2)\tau}{2}$$

类似 E_1 的计算，由等价鞅测度理论，取式（4-18）中

$$\alpha = \begin{pmatrix} \alpha_1 \\ \alpha_2 \end{pmatrix} = \begin{pmatrix} \dfrac{\theta_1}{\sqrt{\tau}} + \sigma_\delta \rho_{12} \\ \dfrac{\theta_1 \rho_{12}}{\sqrt{\tau}} + \sigma_\delta \end{pmatrix}$$

可以得到

$$E_{\dot{Q}}[I_{\{G_1(T)>K\}}]=\dot{Q}[G_1(T)>K]$$

$$=\dot{Q}[S(t)\mathrm{e}^{\lambda_1+\theta_1(\dot{Z}_1+\theta_1+\sigma_\delta\sqrt{\tau}\rho_{12})}>K]$$

$$=\dot{Q}\left[\dot{Z}_1>\frac{\ln\dfrac{K}{S(t)}-\lambda_1-\theta_1^2-\theta_1\sigma_\delta\sqrt{\tau}\rho_{12}}{\theta_1}\right]$$

$$=\dot{Q}\left[\dot{Z}_1<\frac{\ln\dfrac{S(t)}{K}+\lambda_1+\theta_1^2+\theta_1\sigma_\delta\sqrt{\tau}\rho_{12}}{\theta_1}\right]$$

$$E_{\dot{Q}}[I_{\{\delta_T<1\}}]=\dot{Q}(\delta_T<1)$$

$$=\dot{Q}\left\{\delta_t\exp\left[\left(\frac{1}{2}\sigma_D^2-\frac{1}{2}\sigma_{G2}^2\right)\tau+\sigma_\delta(\dot{w}_T^\delta-\dot{w}_t^\delta+\rho_{12}\theta_1\sqrt{\tau}+\sigma_\delta\tau)<1\right]\right\}$$

$$=\dot{Q}\left\{\sigma_\delta(\dot{w}_T^\delta-\dot{w}_t^\delta+\rho_{12}\theta_1\sqrt{\tau}+\sigma_\delta\tau)<-\left[\ln\delta_t+\left(\frac{1}{2}\sigma_D^2-\frac{1}{2}\sigma_{G2}^2\right)\tau\right]\right\}$$

$$=\dot{Q}\left\{\dot{Z}_2<-\frac{\sigma_\delta(\rho_{12}\theta_1\sqrt{\tau}+\sigma_\delta\tau)+\left[\ln\delta_t+\left(\frac{1}{2}\sigma_D^2-\frac{1}{2}\sigma_{G2}^2\right)\tau\right]}{\sigma_\delta\sqrt{\tau}}\right\}$$

所以

$$E_3=S(t)\delta_t\mathrm{e}^{w-r\tau}N_2(c_1,c_2,-\rho_{12})$$

其中：

$$c_1=\frac{\ln\dfrac{S(t)}{K}+\lambda_1+\theta_1^2+\theta_1\sigma_\delta\sqrt{\tau}\rho_{12}}{\theta_1}$$

$$c_2=-\frac{\sigma_\delta(\rho_{12}\theta_1\sqrt{\tau}+\sigma_\delta\tau)+\left[\ln\delta_t+\left(\frac{1}{2}\sigma_D^2-\frac{1}{2}\sigma_{G2}^2\right)\tau\right]}{\sigma_\delta\sqrt{\tau}}$$

$$w=\sigma_\delta\sqrt{\tau}\rho_{12}\theta_1-\frac{\theta_1^2}{2}-\lambda_1-\frac{(\sigma_D^2+\sigma_\delta^2-\sigma_{G2}^2)\tau}{2}$$

$$\rho_{12} = \frac{\rho_{G_1 G_2} \sigma_{G_2} - \rho_{G_1 D} \sigma_D}{\sigma_\delta}$$

（4）E_4 的计算

$$E_4 = B_t E_Q \left[B_T^{-1} K \delta_T I_{\{G_1(T) > K\}} I_{\{\delta_T < 1\}} \mid F_t \right]$$

$$= e^{-r\tau} E_Q \left\{ K \delta_t \exp \left[\left(\frac{1}{2} \sigma_D^2 - \frac{1}{2} \sigma_{G_2}^2 \right) \tau + \sigma_\delta (\widetilde{w}_T^\delta - \widetilde{w}_t^\delta) \right] I_{\{G_1(T) > K\}} I_{\{\delta_T < 1\}} \mid F_t \right\}$$

$$= e^{-r\tau} \int_{-\infty}^{\infty} \int_{-\infty}^{\infty} K \delta_t \exp \left[\left(\frac{1}{2} \sigma_D^2 - \frac{1}{2} \sigma_{G_2}^2 \right) \tau + \sigma_\delta \widetilde{Z}_2 \sqrt{\tau} \right] I_{\{G_1(T) > K\}} I_{\{\delta_T < 1\}} \cdot$$

$$\frac{1}{2\pi \sqrt{1 - \rho_{12}^2}} \exp \left[- \frac{\widetilde{Z}_1^2 - 2\rho_{12} \widetilde{Z}_1 \widetilde{Z}_2 + \widetilde{Z}_2^2}{2(1 - \rho_{12}^2)} \right] d\widetilde{Z}_1 d\widetilde{Z}_2$$

利用式（4-17）可得

$$E_4 = e^{-r\tau} \int_{-\infty}^{\infty} \int_{-\infty}^{\infty} K \delta_t \exp \left[\frac{(\sigma_D^2 + \sigma_\delta^2 - \sigma_{G_2}^2) \tau}{2} \right] I_{\{G_1(T) > K\}} I_{\{\delta_T < 1\}} \cdot$$

$$\frac{1}{2\pi \sqrt{1 - \rho_{12}^2}} \exp \left[- \frac{V_1^2 - 2\rho_{12} V_1 V_2 + V_2^2}{2(1 - \rho_{12}^2)} \right] d\widetilde{Z}_1 d\widetilde{Z}_2$$

式中，$V_1 = \widetilde{Z}_1 - \sigma_\delta \sqrt{\tau} \rho_{12}$；$V_2 = \widetilde{Z}_2 - \sigma_\delta \sqrt{\tau}$。

类似 E_1 的计算，由等价鞅测度理论，取式（4-18）中

$$\alpha = \begin{pmatrix} \alpha_1 \\ \alpha_2 \end{pmatrix} = \begin{pmatrix} \sigma_\delta \rho_{12} \\ \sigma_\delta \end{pmatrix}$$

可以得到

$$E_{\dot{Q}} \left[I_{\{G_1(T) > K\}} \right] = \dot{Q} \left[G_1(T) > K \right]$$

$$= \dot{Q} \left[S(t) e^{\lambda_1 + \theta_1 (\dot{Z}_1 + \sigma_\delta \sqrt{\tau} \rho_{12})} > K \right]$$

$$= \dot{Q} \left[\dot{Z}_1 > \frac{\ln \dfrac{K}{S(t)} - \lambda_1 - \theta_1 \sigma_\delta \sqrt{\tau} \rho_{12}}{\theta_1} \right]$$

$$= \dot{Q} \left[\dot{Z}_1 < \frac{\ln \dfrac{S(t)}{K} + \lambda_1 + \theta_1 \sigma_\delta \sqrt{\tau} \rho_{12}}{\theta_1} \right]$$

$$E_{\dot{Q}} \left[I_{\{\delta_T < 1\}} \right] = \dot{Q}(\delta_T < 1)$$

$$= \dot{Q}\left\{ \delta_t \exp\left[\left(\frac{1}{2}\sigma_D^2 - \frac{1}{2}\sigma_{G_2}^2 \right)\tau + \sigma_\delta (\dot{w}_T^\delta - \dot{w}_t^\delta + \sigma_\delta\tau) < 1 \right] \right\}$$

$$= \dot{Q}\left\{ \sigma_\delta (\dot{w}_T^\delta - \dot{w}_t^\delta + \sigma_\delta\tau) < - \left[\ln\delta_t + \left(\frac{1}{2}\sigma_D^2 - \frac{1}{2}\sigma_{G_2}^2 \right)\tau \right] \right\}$$

$$= \dot{Q}\left\{ \dot{Z}_2 < - \frac{\sigma_\delta^2\tau + \left[\ln\delta_t + \left(\frac{1}{2}\sigma_D^2 - \frac{1}{2}\sigma_{G_2}^2 \right)\tau \right]}{\sigma_\delta\sqrt{\tau}} \right\}$$

所以

$$E_4 = K\delta_t \mathrm{e}^{\frac{(\sigma_D^2 + \sigma_\delta^2 - \sigma_{G_2}^2)\tau}{2} - r\tau} N_2(d_1, d_2, -\rho_{12})$$

其中：

$$d_1 = \frac{\ln\dfrac{S(t)}{K} + \lambda_1 + \theta_1\sigma_\delta\sqrt{\tau}\rho_{12}}{\theta_1}$$

$$d_2 = - \frac{\sigma_\delta^2\tau + \left[\ln\delta_t + \left(\frac{1}{2}\sigma_D^2 - \frac{1}{2}\sigma_{G_2}^2 \right)\tau \right]}{\sigma_\delta\sqrt{\tau}}$$

$$\rho_{12} = \frac{\rho_{G_1 G_2}\sigma_{G_2} - \rho_{G_1 D}\sigma_D}{\sigma_\delta}$$

4.2.3.3 定价公式

综合上述,企业债务随机时的有信用风险几何平均亚式期权的定价公式为

$$X_t^d = S(t)\mathrm{e}^{\frac{1}{2}\theta_1^2 - \lambda_1 - r\tau} N_2(a_1, a_2, \rho_{12}) - K\mathrm{e}^{-r\tau} N_2(b_1, b_2, \rho_{12}) +$$

$$S(t)\delta_t \mathrm{e}^{w - r\tau} N_2(c_1, c_2, -\rho_{12}) - K\delta_t \mathrm{e}^{\frac{(\sigma_D^2 + \sigma_\delta^2 - \sigma_{G_2}^2)\tau}{2} - r\tau} N_2(d_1, d_2, -\rho_{12})$$

其中：

$$a_1 = \frac{\ln\dfrac{S(t)}{K} + \lambda_1 + \theta_1^2}{\theta_1}$$

$$a_2 = \frac{\sigma_\delta\theta_1\sqrt{\tau} + \left[\ln\delta_t + \left(\frac{1}{2}\sigma_D^2 - \frac{1}{2}\sigma_{G_2}^2 \right)\tau \right]}{\sigma_\delta\sqrt{\tau}}$$

$$b_1 = \frac{\ln\dfrac{S(t)}{K} + \lambda_1}{\theta_1}$$

$$b_2 = \frac{\left[\ln\delta_t + \left(\frac{1}{2}\sigma_D^2 - \frac{1}{2}\sigma_{G_2}^2\right)\tau\right]}{\sigma_\delta\sqrt{\tau}}$$

$$c_1 = \frac{\ln\frac{S(t)}{K} + \lambda_1 + \theta_1^2 + \theta_1\sigma_\delta\sqrt{\tau}\rho_{12}}{\theta_1}$$

$$c_2 = -\frac{\sigma_\delta(\rho_{12}\theta_1\sqrt{\tau} + \sigma_\delta\tau) + \left[\ln\delta_t + \left(\frac{1}{2}\sigma_D^2 - \frac{1}{2}\sigma_{G_2}^2\right)\tau\right]}{\sigma_\delta\sqrt{\tau}}$$

$$w = \sigma_\delta\sqrt{\tau}\rho_{12}\theta_1 - \frac{\theta_1^2}{2} - \lambda_1 - \frac{(\sigma_D^2 + \sigma_\delta^2 - \sigma_{G_2}^2)\tau}{2}$$

$$d_1 = \frac{\ln\frac{S(t)}{K} + \lambda_1 + \theta_1\sigma_\delta\sqrt{\tau}\rho_{12}}{\theta_1}$$

$$d_2 = -\frac{\sigma_\delta^2\tau + \left[\ln\delta_t + \left(\frac{1}{2}\sigma_D^2 - \frac{1}{2}\sigma_{G_2}^2\right)\tau\right]}{\sigma_\delta\sqrt{\tau}}$$

$$\rho_{12} = \frac{\rho_{G_1G_2}\sigma_{G_2} - \rho_{G_1D}\sigma_D}{\sigma_\delta}$$

$$\sigma_\delta = \sqrt{\sigma_{G_2}^2 + \sigma_D^2 - 2\rho_{G_2D}\sigma_{G_2}\sigma_D}$$

$$\lambda = \left(r - \frac{\sigma_S^2}{2}\right)\left[(T-t) - \frac{n-1}{2n}(T-T_0)\right]$$

$$\theta_1^2 = \sigma_S^2\left[(T-t) - \frac{4n^2 - 3n - 1}{6n}(T-T_0)\right]$$

4.3　不确定汇率下的一类外国股票期权

本节在结构化模型下,考虑标的资产价格与该资产所属企业的企业价值以及汇率均为随机的情况,对一类外国股票几何平均亚式期权分别用内币执行价和外币执行价进行信用风险分析,并采用鞅方法得到不确定汇率下的该类外国股票期权的信用风险定价。

4.3.1　市场模型

从 20 世纪 90 年代起至今,已有不少的期权及远期合约以外国资产为标的物,而远期合约及期权是以本国货币计价或是在本国市场交易的。近年来,汇率常常出现较大的波动,因美国次贷危机演化而成的全球性金融危机、雷曼破产、迪拜债务危机以及日本大地震引发的全球金融市场震荡等事件,国内外公司屡屡出现破产现象,使得这些国际投资人不仅会遇上汇率风险,还可能会遇到外国公司的违约风险。虽然已有不少关于外汇型衍生产品的讨论,但大多是从微分方程的角度或者是对单资产的研究。

设 (Ω, F, P) 为某一概率空间,$[\Omega, F, (F_t)_{t \geqslant 0}, P]$ 为相应的带自然 σ-代数流的概率空间,$(F_t)_{t \geqslant 0}$ 为其上的对 t 递增的 σ-域。以 $S(t)$ 表示 t 时以外币计量的外国股票的价格,以 $V(t)$ 表示 t 时以外币计量的外国股票所属企业的企业价值,以 $F(t)$ 表示 t 时即期汇率。假设 $S(t)$、$V(t)$ 和 $F(t)$ 都遵循几何布朗运动:

$$\begin{cases} \dfrac{\mathrm{d}S(t)}{S(t)} = u_S \mathrm{d}t + \sigma_S \mathrm{d}w_t^S \\[2mm] \dfrac{\mathrm{d}V(t)}{V(t)} = u_V \mathrm{d}t + \sigma_V \mathrm{d}w_t^V \\[2mm] \dfrac{\mathrm{d}F(t)}{F(t)} = u_F \mathrm{d}t + \sigma_F \mathrm{d}w_t^F \end{cases} \tag{4-20}$$

式中,w_t^S、w_t^V 和 w_t^F 是测度 P 下标准 Wiener 过程;u_S、u_V、u_F 和 σ_S、σ_V、σ_F 分别表示期望收益率和波动率。

用 ρ_{SV}、ρ_{SF}、ρ_{VF} 分别表示 w_t^S 和 w_t^V,w_t^S 和 w_t^F,w_t^V 和 w_t^F 的相关系数,即

$$\mathrm{Cov}(\mathrm{d}w_t^S, \mathrm{d}w_t^V) = \rho_{SV} \mathrm{d}t$$

$$\mathrm{Cov}(\mathrm{d}w_t^S, \mathrm{d}w_t^F) = \rho_{SF} \mathrm{d}t$$

$$\mathrm{Cov}(\mathrm{d}w_t^V, \mathrm{d}w_t^F) = \rho_{VF} \mathrm{d}t$$

当 $S(t)$,$V(t)$ 和 $F(t)$ 的预期增长率分别转换为 $\bar{\alpha}_S = r_f - \rho_{SF} \sigma_S \sigma_F$,$\bar{\alpha}_V = r_f - \rho_{FV} \sigma_F \sigma_V$,$\bar{\alpha}_F = r_d - r_f$ 时,就可以得到风险中性世界里衍生产品的正确估值了。故此引入新的等价鞅测度 Q:

$$\frac{\mathrm{d}Q}{\mathrm{d}P} = \exp\left\{ rw - \frac{1}{2} \mid r \mid^2 t \right\}$$

式中,$r = (r_S, r_V, r_F)^{\mathrm{T}}$,$r_S = \dfrac{\bar{\alpha}_S - u_S}{\sigma_S}$,$r_V = \dfrac{\bar{\alpha}_V - u_V}{\sigma_V}$,$r_F = \dfrac{\bar{\alpha}_F - u_F}{\sigma_F}$。

根据 Ito 引理,式(4-20)可以转化为

$$\begin{cases} \dfrac{\mathrm{d}S(t)}{S(t)} = \bar{\alpha}_S \mathrm{d}t + \sigma_S \mathrm{d}\widetilde{w}_t^S \\[2mm] \dfrac{\mathrm{d}V(t)}{V(t)} = \bar{\alpha}_V \mathrm{d}t + \sigma_V \mathrm{d}\widetilde{w}_t^V \\[2mm] \dfrac{\mathrm{d}F(t)}{F(t)} = \bar{\alpha}_F \mathrm{d}t + \sigma_F \mathrm{d}\widetilde{w}_t^F \end{cases} \tag{4-21}$$

这里 r_d 和 r_f 分别为国内和国外的无风险利率常数；$\widetilde{w}_t^S, \widetilde{w}_t^V$ 和 $\widetilde{w}_t^F$ 是带 σ-代数流的概率空间 $[\Omega, F, (F_t)_{0 \leqslant t \leqslant T}, Q]$ 中的标准 Wiener 过程，且

$$\mathrm{Cov}(\mathrm{d}\widetilde{w}_t^S, \mathrm{d}\widetilde{w}_t^V) = \rho_{SV} \mathrm{d}t$$

$$\mathrm{Cov}(\mathrm{d}\widetilde{w}_t^S, \mathrm{d}\widetilde{w}_t^F) = \rho_{SF} \mathrm{d}t$$

$$\mathrm{Cov}(\mathrm{d}\widetilde{w}_t^V, \mathrm{d}\widetilde{w}_t^F) = \rho_{VF} \mathrm{d}t$$

设 $G_i(T)(i \in \{S,V,F\})$ 分别是 S_t, V_t 和 F_t 在时间段 $[T_0,T]$ 上的离散几何平均值，用 $t_j = T_0 + j\Delta T(j=0,1,2,\cdots,n)$ 表示对区间 $[T_0,T]$ 的分割，$t_n = T, \Delta T = \dfrac{T-T_0}{n}$。若用 $\rho_{GSGV}, \rho_{GSGF}, \rho_{GVGF}$ 分别表示 w_t^{GS} 和 w_t^{GV}，w_t^{GS} 和 w_t^{GF}，w_t^{GV} 和 w_t^{GF} 的相关系数，则有

$$G_S(T) = S(t)\exp\left\{\frac{\bar{\alpha}_S - \frac{\sigma_S^2}{2}}{n}\sum_{j=1}^n (t_j - t) + \frac{\sigma_S}{n}\sum_{j=1}^n (\widetilde{w}_{t_j}^S - \widetilde{w}_t^S)\right\}$$

$$= S(t)\exp\left\{\frac{\bar{\alpha}_S - \frac{\sigma_S^2}{2}}{n}\sum_{j=1}^n (t_j - t) + \frac{\sigma_S}{n}\left[n(\widetilde{w}_{t_1}^S - \widetilde{w}_t^S) + \right.\right.$$

$$\left.\left. (n-1)(\widetilde{w}_{t_2}^S - \widetilde{w}_{t_1}^S) + \cdots + (\widetilde{w}_{t_n}^S - \widetilde{w}_{t_{n-1}}^S)\right]\right\} \triangleq S(t)\mathrm{e}^{\xi_1} \tag{4-22}$$

因为 $\widetilde{w}_{t_1}^S - \widetilde{w}_t^S, \widetilde{w}_{t_j}^S - \widetilde{w}_{t_{j-1}}^S \ (j=2,3,\cdots,n)$ 之间是相互独立的正态随机变量，故 ξ_1 是服从正态分布的，且均值为

$$E(\xi_1) = \left(\bar{\alpha}_S - \frac{\sigma_S^2}{2}\right)\left[(T-t) - \frac{n-1}{2n}(T-T_0)\right] \triangleq \lambda_1$$

方差为

$$\mathrm{Var}(\xi_1) = \sigma_S^2\left[(T-t) - \frac{4n^2-3n-1}{6n}(T-T_0)\right] \triangleq \theta_1^2$$

设 $\sigma_{G_i}^2, \mu_{G_i}$ 分别为 $G_i(T)$ 的方差和期望，$\tau = T - t$，得

$$\sigma_{G_i}^2 \tau = \lambda_j$$

$$\left(\mu_{G_i} - \frac{\sigma_{G_i}^2}{2}\right)\tau = \theta_j^2 \, (i = S, V, F; j = 1, 2, 3)$$

设 $\eta_j = \dfrac{\xi_j - \lambda_j}{\theta_j}, (j = 1, 2, 3)$，有 $\eta_j \sim N(0, 1)$。所以

$$G_i(T) = i(t)\exp(\lambda_j + \theta_j \eta_j) \tag{4-23}$$

4.3.2 期权定价公式及求解

4.3.2.1 定理 1 及证明

(1) 定理 1

有违约风险的以内币 (K_d) 为执行价的外国股票几何平均亚式期权的定价公式为

$$X_t = \exp[(r_\varphi - r_d)\tau]\varphi(t)N_2(a_1, a_2, \rho_{\varphi GV}) - \exp(-r_d\tau)K_d N_2(b_1, b_2, \rho_{\varphi GV}) +$$

$$\exp(w)\frac{\varphi_t V_t}{D}N_2(c_1, c_2, -\rho_{\varphi GV}) - \exp(\lambda_2 - r_d\tau)\frac{K_d V_t}{D}N_2(d_1, d_2, -\rho_{\varphi GV})$$

(2) 证明

假设 T 时全部债务 D 为一常数，由于违约风险的存在，企业在到期时的支付应该考虑企业在没有违约时的支付和企业发生违约时的补偿支付。由此可得有违约风险的用内币执行价的外国股票几何平均亚式期权的到期收益为

$$X_T^d = [G_S(T)G_F(T) - K_d]^+ I_{\{GV(T) \geqslant D\}} + [G_S(T)G_F(T) - K_d]^+ \frac{G_V(T)}{D}I_{\{GV(T) < D\}}$$

根据鞅定价理论，期权在 t 时刻的价值为到期收益期望的折现，即

$$X_t = B_t E_Q \left\{ B_T^{-1}[G_S(T)G_F(T) - K_d]^+ \left[I_{\{GV(T) \geqslant D\}} + \frac{G_V(T)}{D}I_{\{GV(T) < D\}} \right] \Big| F_t \right\}$$

令 $\varphi(T) = G_S(T)G_F(T)$，则在风险中性测度 Q 下，有

$$\frac{\mathrm{d}\varphi(t)}{\varphi(t)} = r_\varphi \mathrm{d}t + \sigma_\varphi \mathrm{d}\tilde{w}_t^\varphi \tag{4-24}$$

式中，$r_\varphi = r_d - \rho_{GSGF}\sigma_{GS}\sigma_{GF}$；$\sigma_\varphi^2 = \sigma_{GS}^2 + 2\rho_{GSGF}\sigma_{GS}\sigma_{GF} + \sigma_{GF}^2$。

设 φ 与 G_V 的相关系数为 $\rho_{\varphi GV}$，则

$$\rho_{\varphi GV} = \frac{\text{Cov}[d\widetilde{w}_t^\varphi, d\widetilde{w}_t^{GV}]}{dt} = \frac{\sigma_{GS}}{\sigma_\varphi}\rho_{GSGV} + \frac{\sigma_{GF}}{\sigma_\varphi}\rho_{GFGV}$$

式(4-24)可变为

$$\varphi(T) = \varphi(t)\exp\left[\left(r_\varphi - \frac{1}{2}\sigma_\varphi^2\right)(T-t) + \dot{\sigma_\varphi}(\widetilde{w}_T^\varphi - \widetilde{w}_t^\varphi)\right] \tag{4-25}$$

所以

$$X_t = B_t E_Q\left\{B_T^{-1}\left[\varphi(T) - K_d\right]^+ \left[I_{\{GV(T)\geqslant D\}} + \frac{G_V(T)}{D}I_{\{GV(T)<D\}}\right] \mid F_t\right\} \tag{4-26}$$

令 $X_t = E_1 - E_2 + E_3 - E_4$，假设国内无风险利率 r_d 为常数，则 $B_t E_Q[B_T^{-1} \mid F_t] = e^{-r_d\tau}$，其中 $\tau = T - t$，则有

$$E_1 = e^{-r_d\tau}E_Q\left\{\varphi(t)\exp\left[\left(r_\varphi - \frac{1}{2}\sigma_\varphi^2\right)\tau + \sigma_\varphi(\widetilde{w}_T^\varphi - \widetilde{w}_t^\varphi)\right]I_{\{\varphi(T)>K_d\}}I_{\{GV(T)\geqslant D\}} \mid F_t\right\}$$

又因为 $\widetilde{Z}_\varphi = \dfrac{\widetilde{w}_T^\varphi - \widetilde{w}_t^\varphi}{\sqrt{T-t}} \sim N(0,1)$，所以

$$E_1 = \int_{-\infty}^{\infty}\int_{-\infty}^{\infty}\varphi(t)\exp\left[\left(r_\varphi - r_d - \frac{1}{2}\sigma_\varphi^2\right)\tau + \sigma_\varphi\widetilde{Z}_\varphi\sqrt{\tau}\right]I_{\{\varphi(T)>K_d\}}I_{\{GV(T)\geqslant D\}} \cdot$$

$$\frac{1}{2\pi\sqrt{1-\rho_{\varphi GV}^2}}\exp\left[-\frac{\widetilde{Z}_\varphi^2 - 2\rho_{\varphi GV}\widetilde{Z}_\varphi\widetilde{Z}_{GV} + \widetilde{Z}_{GV}^2}{2(1-\rho_{\varphi GV}^2)}\right]d\widetilde{Z}_\varphi d\widetilde{Z}_{GV}$$

式中，$\widetilde{Z}_\varphi \sim N(0,1)$；$\widetilde{Z}_{GV} \sim N(0,1)$。

故有

$$E_1 = \exp[(r_\varphi - r_d)\tau]\int_{-\infty}^{\infty}\int_{-\infty}^{\infty}\varphi(t)I_{\{\varphi(T)>K_d\}}I_{\{GV(T)\geqslant D\}} \cdot$$

$$\frac{1}{2\pi\sqrt{1-\rho_{\varphi GV}^2}}\exp\left[-\frac{V_\varphi^2 - 2\rho_{\varphi GV}V_\varphi V_{GV} + V_{GV}^2}{2(1-\rho_{\varphi GV}^2)}\right]dV_\varphi dV_{GV}$$

式中，$V_\varphi = \widetilde{Z}_\varphi - \sigma_\varphi\sqrt{\tau}$；$V_{GV} = \widetilde{Z}_{GV} - \rho_{\varphi GV}\sigma_\varphi\sqrt{\tau}$。

引入一个等价的鞅测度 $\dot{Q}$：

$$\frac{d\dot{Q}}{dQ} = \exp\left(\alpha\sqrt{T}\widetilde{Z} - \frac{1}{2}\|\alpha\|^2 T\right)$$

式中，$\alpha = \begin{pmatrix} \alpha_1 \\ \alpha_2 \end{pmatrix} = \begin{pmatrix} \sigma_\varphi \\ \rho_{\varphi GV}\sigma_\varphi \end{pmatrix}$；$\widetilde{Z} = \begin{pmatrix} \widetilde{Z}_1 \\ \widetilde{Z}_2 \end{pmatrix}$；$\|\cdot\|$ 为向量范数。

根据 Girsanov 定理，有

$$\widetilde{Z} = \frac{(\widetilde{w}_T - \widetilde{w}_t)}{\sqrt{T-t}} = \frac{\dot{w}_T - \dot{w}_t + \alpha(T-t)}{\sqrt{T-t}} = \dot{Z} + \alpha\sqrt{T-t}$$

式中，$\dot{Z}$ 在 $\dot{Q}$ 下服从标准正态分布，$\dot{Z} = \begin{pmatrix} \dot{Z}_1 \\ \dot{Z}_2 \end{pmatrix}$；$\widetilde{Z}$ 在 Q 下服从标准正态分布；$\dot{w}_t$ 是测度 $\dot{Q}$ 下的标准 Wiener 过程；$\widetilde{w}$ 见前文定义。故有

$$E_1 = \exp[(r_\varphi - r_d)\tau]\varphi(t)N_2(a_1, a_2, \rho_{\varphi GV})$$

而 a_1, a_2 可由下式得到：

$$E_{\dot{Q}}[I_{\{\varphi(T)>K_d\}}] = \dot{Q}[\varphi(T) > K_d] = \dot{Q}\left[\dot{Z}_1 < \frac{\ln\dfrac{\varphi(t)}{K_d} + \left(r_\varphi + \dfrac{1}{2}\sigma_\varphi^2\right)\tau}{\sigma_\varphi\sqrt{\tau}}\right] = \dot{Q}[\dot{Z}_1 < a_1]$$

$$E_{\dot{Q}}[I_{\{GV(T)\geqslant D\}}] = \dot{Q}[G_V(T) \geqslant D] = \dot{Q}\left[\dot{Z}_2 < \frac{\ln\dfrac{V_t}{D} + \lambda_2 + \theta_2\sigma_\varphi\rho_{\varphi GV}\sqrt{\tau}}{\theta_2}\right] = \dot{Q}[\dot{Z}_2 < a_2]$$

因此，

$$E_1 = \exp[(r_\varphi - r_d)\tau]\varphi(t)N_2(a_1, a_2, \rho_{\varphi GV})$$

式中，$a_1 = \dfrac{\ln\dfrac{\varphi(t)}{K_d} + \left(r_\varphi + \dfrac{1}{2}\sigma_\varphi^2\right)\tau}{\sigma_\varphi\sqrt{\tau}}$；$a_2 = \dfrac{\ln\dfrac{V_t}{D} + \lambda_2 + \theta_2\sigma_\varphi\rho_{\varphi GV}\sqrt{\tau}}{\theta_2}$；$\rho_{\varphi GV} = \dfrac{\text{Cov}[d\widetilde{w}_t^\varphi, d\widetilde{w}_t^{GV}]}{dt} = $

$\dfrac{\sigma_{Gs}}{\sigma_\varphi}\rho_{GsGV} + \dfrac{\sigma_{GF}}{\sigma_\varphi}\rho_{GFGV}$。

类似 E_1 的计算，可得 E_2、E_3、E_4：

$$E_2 = \exp(-r_d\tau)K_d N_2(b_1, b_2, \rho_{\varphi GV})$$

式中，$b_1 = \dfrac{\ln\dfrac{\varphi(t)}{K_d} + \left(r_\varphi - \dfrac{1}{2}\sigma_\varphi^2\right)\tau}{\sigma_\varphi\sqrt{\tau}}$；$b_2 = \dfrac{\ln\dfrac{V_t}{D} + \lambda_2}{\theta_2}$。

$$E_3 = \exp(w)\frac{\varphi_t V_t}{D}N_2(c_1, c_2, -\rho_{\varphi GV})$$

式中，$c_1 = \dfrac{\ln \dfrac{\varphi(t)}{K_d} + \left(r_\varphi + \dfrac{1}{2}\sigma_\varphi^2 \right)\tau + \rho_{\varphi GV}\theta_2\sigma_\varphi\sqrt{\tau}}{\sigma_\varphi\sqrt{\tau}}$；$c_2 = \dfrac{\ln \dfrac{D}{V_t} - \lambda_2\theta_2(\theta_2 + \rho_{\varphi GV}\sigma_\varphi\sqrt{\tau})}{\lambda_2\theta_2}$；

$w = \rho_{\varphi GV}\theta_2\sigma_\varphi\sqrt{\tau} + \dfrac{1}{2}\theta_2^2 + (r_\varphi - r_d)\tau + \lambda_2$。

$$E_4 = \exp(\lambda_2 - r_d\tau)\frac{K_d V_t}{D}N_2(d_1, d_2, -\rho_{\varphi GV})$$

式中，$d_1 = \dfrac{\ln \dfrac{\varphi(t)}{K_d} + \left(r_\varphi - \dfrac{1}{2}\sigma_\varphi^2 \right)\tau + \theta_2\sigma_\varphi\sqrt{\tau}}{\sigma_\varphi\sqrt{\tau}}$；$d_2 = \dfrac{\ln \dfrac{D}{V_t} - \lambda_2 - \theta_2^2\rho_{\varphi GV}}{\theta_2}$。

4.3.2.2　定理 2 及证明

（1）定理 2

有违约风险的以外币（K_f）为执行价的外国股票几何平均亚式期权的定价公式为

$$X_t^d = G_F(t)S(t)\exp\left(\frac{1}{2}\theta_1^2 + \lambda_1 - r_f\tau \right)N_2(a_1, a_2, \rho) - G_F(t)K_f \cdot$$

$$\exp(-r_f\tau)N_2(b_1, b_2, \rho) + G_F(t)\frac{S(t)V(t)}{D}\exp(w)N_2(c_1, c_2, -\rho) -$$

$$G_F(t)\frac{K_f V(t)}{D}\exp\left(\frac{1}{2}\theta_2^2 + \lambda_2 - r_f\tau \right)N_2(d_1, d_2, -\rho)$$

其中：

$$a_1 = \frac{\ln \dfrac{S(t)}{K_f} + \lambda_1 + \theta_1^2}{\theta_1}$$

$$a_2 = \frac{\ln \dfrac{V(t)}{K_f} + \lambda_2 + \rho\theta_1\theta_2}{\theta_2}$$

$$b_1 = \frac{\ln \dfrac{S(t)}{K_f} + \lambda_1}{\theta_1}$$

$$\rho = \rho_{GSGV}$$

$$b_2 = \frac{\ln \dfrac{V(t)}{D} + \lambda_2}{\theta_2}$$

$$c_1 = \frac{\ln\dfrac{S(t)}{K_f} + \lambda_1 + \theta_1^2 + \rho\theta_1\theta_2}{\theta_1}$$

$$c_2 = \frac{\ln\dfrac{D}{V(t)} - \lambda_2 - \theta_2^2 - \rho\theta_1\theta_2}{\theta_2}$$

$$d_1 = \frac{\ln\dfrac{S(t)}{K_f} + \lambda_1 + \rho\theta_1\theta_2}{\theta_1}$$

$$d_2 = \frac{\ln\dfrac{D}{V(t)} - \lambda_2 - \theta_2^2}{\theta_2}$$

$$w = \frac{\theta_1^2 + \theta_2^2}{2} + \lambda_1 + \lambda_2 - r_f\tau + \rho\theta_1\theta_2$$

（2）证明

由于以国内货币计量的买入期权当前的价值是外币计量的买入期权乘以当前的汇率，现设以外币计量时有违约风险的以外币（K_f）为执行价的外国股票几何平均亚式期权的到期收益为 $\hat{X}_T^d$，则有

$$\hat{X}_T^d = [G_S(T) - K_f]^+ I_{\{G_V(T)\geqslant D\}} + [G_S(T) - K_f]^+ \frac{G_V(T)}{D} I_{\{G_V(T)<D\}}$$

根据期权定价理论，通过等价鞅测度变换可得该期权在 t 时刻以外币计量时的价值为

$$\hat{X}_t^d = B_t E_Q\left\{ B_T^{-1}[G_S(T) - K_f]^+ \left[I_{\{G_V(T)\geqslant D\}} + \frac{G_V(T)}{D} I_{\{G_V(T)<D\}} \right] \Big| F_t \right\}$$

有违约风险的以外币（K_f）为执行价的外国股票几何平均亚式期权在以内币计量时的定价公式为

$$X_t^d = G_F(t) B_t E_Q\left\{ B_T^{-1}[G_S(T) - K_f]^+ \left[I_{\{G_V(T)\geqslant D\}} + \frac{G_V(T)}{D} I_{\{G_V(T)<D\}} \right] \Big| F_t \right\}$$

本节在结构化模型下，考虑标的资产价格与该资产所属企业的企业价值以及汇率均为随机的情况，对一类外国股票几何平均亚式期权分别用内币执行价和外币执行价进行信用风险分析，并采用鞅方法得到不确定汇率下的该类外国股票期权的信用风险定价。本节应用和涉及数学和金融方面的基本知识、理论和方法、数学建模、多维正态分布函数的积分计算等多个领域，不管是对学术的探讨还是对现实的应用都具有非常深远的意义。

在本节的基础上,我们认为还可做如下深入研究:

①本节仅考虑企业债务为一常数,在本节的基础上,可以进一步考虑企业债务为一随机过程时该期权的定价公式。

②本节所研究的对象是以一种无红利支付股票作为标的变量的衍生产品,而在实际证券交易市场,部分业绩好的股票是存在分红现象的,所以在本节的基础上,可以考虑股票分红的情况,而红利率可以分常数和随机变量两种不同情况讨论。

4.4 基于汇率和违约双重风险下的外国股票亚式交换期权

本节基于汇率风险暴露下,考虑标的资产价格与该资产所属企业的企业价值以及汇率均遵循对数正态过程的假设,研究如何把一类外国股票期权推广到股票分红和债务随机时的情况,并利用结构方法推导出以国内股票价格为执行价的该股票亚式交换期权的信用风险定价。

4.4.1 模型分析

随着我国实力和国际地位的不断提升,市场自由化和产品多样化已经成为我国金融改革的目标和方向。由于激烈的竞争和金融产品无专利,金融机构不得不不断设计和发展新的风险管理金融产品,其中许多产品是为了迎合顾客特殊需要而设计的。与汇率相关的交换期权是金融市场上的一种新型交叉货币型期权,交换期权给予持有者用一种风险资产交换另一种风险资产的权利但并不负有义务。目前,全球经济形势处于动荡阶段,经济复苏乏力,加剧了国际投资人的汇率风险和企业破产风险。近年来,很多学者研究了外汇型衍生产品,但大多是对单资产的研究,或者从微分方程的角度去讨论,所采用的执行价一般是用外币和内币进行分析。本节的创新之处在于充分考虑了股票分红和债务随机时的情况,利用结构方法推导出以国内股票价格为执行价的一类外国股票亚式交换期权的信用风险定价公式。

4.4.1.1 经济变量的随机过程

考虑某个完备概率空间 $[\Omega, F, (F_t)_{t \geqslant 0}, P]$ 上的标准布朗运动 W_t,其中 $(F_t)_{t \geqslant 0}$ 为其上的对 t 递增的 σ-域,若以 $S_1(t)$ 表示 t 时以外币计量的外国股票的价格,以 $V(t)$ 表示 t 时以外币计量的外国股票所属企业的企业价值,以 $D(t)$ 表示以外币计量的外国股票所属企业的企业债务,以 $S_2(t)$ 表示 t 时以国内货币(内币)计量的国内股票的价格,以

$F(t)$ 表示 t 时以内币计量的一单位外币的价格即 t 时即期汇率。假设 $S_1(t)$、$V(t)$、$D(t)$、$S_2(t)$ 和 $F(t)$ 都遵循几何布朗运动:

$$\begin{cases} \dfrac{\mathrm{d}S_1(t)}{S_1(t)} = (u_{S_1} - q_{\mathrm{f}})\mathrm{d}t + \sigma_{S_1}\mathrm{d}w_t^{S_1} \\[2mm] \dfrac{\mathrm{d}V(t)}{V(t)} = u_V \mathrm{d}t + \sigma_V \mathrm{d}w_t^V \\[2mm] \dfrac{\mathrm{d}D(t)}{D(t)} = u_D \mathrm{d}t + \sigma_D \mathrm{d}w_t^D \\[2mm] \dfrac{\mathrm{d}S_2(t)}{S_2(t)} = (u_{S_2} - q_{\mathrm{d}})\mathrm{d}t + \sigma_{S_2}\mathrm{d}w_t^{S_2} \\[2mm] \dfrac{\mathrm{d}F(t)}{F(t)} = u_F \mathrm{d}t + \sigma_F \mathrm{d}w_t^F \end{cases} \tag{4-27}$$

式中,初始条件 $S_1(t)$、$V(t)$、$D(t)$、$S_2(t)$ 和 $F(t)$ 均为 F_t 可测,且 $0 \leqslant t \leqslant T$;参数 u_{S_1}、u_V、u_D、u_{S_2}、u_F 和 σ_{S_1}、σ_V、σ_D、σ_{S_2}、σ_F 分别表示期望收益率和波动率;q_{f} 和 q_{d} 分别为 $S_1(t)$ 和 $S_2(t)$ 的红利率常数;$w_t^{S_1}$,w_t^V,w_t^D,$w_t^{S_2}$ 和 w_t^F 均是测度 P 下标准 Wiener 过程。

设国外和国内无风险利率常数分别为 r_{f} 和 r_{d},用 ρ_{ij} 表示 w_t^i 和 w_t^j 的相关系数,即

$$\mathrm{Cov}(\mathrm{d}w_t^i, \mathrm{d}w_t^j) = \rho_{ij}\mathrm{d}t \ (i,j \in \{S_1, V, D, S_2, F\})$$

4.4.1.2　风险中性概率测度和数学模型

(1)风险中性概率测度

根据期权定价的基本理论可知,当 $S_1(t)$、$V(t)$、$D(t)$、$S_2(t)$ 和 $F(t)$ 的预期增长率分别替换成如下量时,就可以得到衍生产品在风险中性测度下的正确估值:

$$\bar{\alpha}_{S_1} = r_{\mathrm{f}} - q_{\mathrm{f}} - \rho_{S_1F}\sigma_{S_1}\sigma_F$$

$$\bar{\alpha}_V = r_{\mathrm{f}} - \rho_{VF}\sigma_V\sigma_F$$

$$\bar{\alpha}_D = r_{\mathrm{f}} - \rho_{DF}\sigma_D\sigma_F$$

$$\bar{\alpha}_{S_2} = r_{\mathrm{d}}$$

$$\bar{\alpha}_F = r_{\mathrm{d}} - r_{\mathrm{f}}$$

引入一个与测度 P 等价的鞅测度 Q:

$$\frac{\mathrm{d}Q}{\mathrm{d}P} = \exp\left\{rw - \frac{1}{2}|r|^2 t\right\}$$

式中，$r=(r_{S_1},r_V,r_D,r_{S_2},r_F)^{\mathrm{T}}$，$r_i=\dfrac{\bar{\alpha}_i-u_i}{\sigma_i}$，$(i\in\{S_1,V,D,S_2,F\})$；$|r|$ 表示 r 的模；$w=(w_{S_1},w_V,w_D,w_{S_2},w_F)^{\mathrm{T}}$。

又由 Girsanov 定理可得，在鞅测度 Q 下，式(4-27)可转化为

$$\begin{cases}\dfrac{\mathrm{d}S_1(t)}{S_1(t)}=\bar{\alpha}_{S_1}\mathrm{d}t+\sigma_{S_1}\mathrm{d}\widetilde{w}_t^{S_1}\\[2mm]\dfrac{\mathrm{d}V(t)}{V(t)}=\bar{\alpha}_V\mathrm{d}t+\sigma_V\mathrm{d}\widetilde{w}_t^{V}\\[2mm]\dfrac{\mathrm{d}D(t)}{D(t)}=\bar{\alpha}_D\mathrm{d}t+\sigma_D\mathrm{d}\widetilde{w}_t^{D}\\[2mm]\dfrac{\mathrm{d}S_2(t)}{S_2(t)}=\bar{\alpha}_{S_2}\mathrm{d}t+\sigma_{S_2}\mathrm{d}\widetilde{w}_t^{S_2}\\[2mm]\dfrac{\mathrm{d}F(t)}{F(t)}=\bar{\alpha}_F\mathrm{d}t+\sigma_F\mathrm{d}\widetilde{w}_t^{F}\end{cases}\tag{4-28}$$

式中，$\widetilde{w}_t^i(i\in\{S_1,V,D,S_2,F\})$ 为测度 Q 下的标准 Wiener 过程，且

$$\mathrm{Cov}(\mathrm{d}\widetilde{w}_t^i,\mathrm{d}\widetilde{w}_t^j)=\rho_{ij}\mathrm{d}t,(i,j\in\{S_1,V,D,S_2,F\})$$

（2）几何平均亚式交换期权的定义和数学模型

设 $G_i(T)(i\in\{S_1,V,S_2,F\})$ 分别是 $S_1(t)$、$V(t)$、$S_2(t)$ 和 $F(t)$ 在时间段 $[T_0,T]$ 上的离散几何平均值，用 ρ_{ij} 分别表示 w_t^i 和 w_t^j $(i,j\in\{G_{S_1},G_V,G_{S_2},G_F\})$ 的相关系数，用 $t_k=T_0+k\Delta T(k=0,1,2,\cdots,n)$ 表示对区间 $[T_0,T]$ 的分割，$\Delta T=\dfrac{T-T_0}{n}$，$t_n=T$，有

$$G_{S_1}(T)=S_1(t)\exp\left\{\frac{\bar{\alpha}_{S_1}-\dfrac{\sigma_{S_1}^2}{2}}{n}\sum_{k=1}^n(t_k-t)+\frac{\sigma_{S_1}}{n}\sum_{j=1}^n(\widetilde{w}_{t_j}^{S_1}-\widetilde{w}_t^{S_1})\right\}$$

$$=S_1(t)\exp\left\{\frac{\bar{\alpha}_{S_1}-\dfrac{\sigma_{S_1}^2}{2}}{n}\sum_{k=1}^n(t_k-t)+\frac{\sigma_{S_1}}{n}[n(\widetilde{w}_{t_1}^{S_1}-\widetilde{w}_t^{S_1})+\right.$$

$$\left.(n-1)(\widetilde{w}_{t_2}^{S_1}-\widetilde{w}_{t_1}^{S_1})+\cdots+(\widetilde{w}_{t_n}^{S_1}-\widetilde{w}_{t_{n-1}}^{S_1})]\right\}\triangleq S_1(t)\mathrm{e}^{\xi_1}$$

因为 $\widetilde{w}_{t_1}^{S_1}-\widetilde{w}_t^{S_1}$、$\widetilde{w}_{t_k}^{S_1}-\widetilde{w}_{t_{k-1}}^{S_1}(k=2,3,\cdots,n)$ 之间是相互独立的正态随机变量，故 ξ_1 是服从正态分布的，且均值为

$$E(\xi_1) = \left(\bar{a}_{S_1} - \frac{\sigma_{S_1}^2}{2} \right) \left[(T-t) - \frac{n-1}{2n}(T-T_0) \right] \triangleq \lambda_1$$

方差为

$$\mathrm{Var}(\xi_1) = \sigma_{S_1}^2 \left[(T-t) - \frac{4n^2-3n-1}{6n}(T-T_0) \right] \triangleq \theta_1^2$$

同理,设 $\sigma_{G_i}^2$、μ_{G_i} 分别为 $G_i(T)(i \in \{S_1, V, S_2, F\})$ 的方差和期望,$\tau = T-t$,可得

$$\sigma_{G_i}^2 \tau = \lambda_m, \left(\mu_{G_i} - \frac{\sigma_{G_i}^2}{2} \right) \tau = \theta_m^2, (i \in \{S_1, S_2, V, F\}, m \in \{1,2,3,4\})$$

设

$$\eta_m = \frac{\xi_m - \lambda_m}{\theta_m}, (m \in \{1,2,3,4\})$$

有

$$\eta_m \sim N(0,1)$$

所以

$$G_i(T) = i(t)\exp(\lambda_m + \theta_m \eta_m), (i \in \{S_1, S_2, V, F\}, m \in \{1,2,3,4\})$$

考虑用一种风险资产去交换另一种风险资产的交换期权的定价问题。普通交换期权的到期收益函数为 $\max[S_1(T) - S_2(T), 0]$(用资产 2 交换资产 1),而随机汇率下的外国股票几何平均亚式交换期权的到期收益可定义为 $\max[G_{S_1}(T)G_F(T) - G_{S_2}(T), 0]$(以国内股票 S_2 的几何平均为执行价)。

又假设期权的允诺支付为 $X(T)$,δ_T 为支付比($0 \leqslant \delta_T < 1$),则破产(破产是规定在 T 时刻才有可能发生的)后的支付为 $X^d(T) = X(T)\delta_T$。通常可设 $\delta_T = V(T)/D(T)$,其中 $D(T)$ 为 T 时全部债务,$V(T)$ 为 T 时全部资产。此处所讨论的企业价值取为 $G_V(T)$(V_t 在时间段 $[T_0, T]$ 上的离散几何平均值),故

$$\delta_T = G_V(T)/D(T)$$

$$\delta_t = G_V(t)/D(t)$$

式中,$G_V(t) = \mathrm{e}^{-r\tau}G_V(T)$;$D(t) = \mathrm{e}^{-r\tau}D(T)$。

可得

$$\delta_T = \delta_t \exp\left[\left(\frac{1}{2}\sigma_D^2 - \frac{1}{2}\sigma_{Gv}^2 \right)\tau + \sigma_\delta(\widetilde{w}_T^\delta - \widetilde{w}_t^\delta) \right]$$

$$\sigma_\delta = \sqrt{\sigma_{GV}^2 + \sigma_D^2 - 2\rho_{GVD}\sigma_{GV}\sigma_D}$$

式中，ρ_{G_iM} 表示 G_i 和 M 的相关系数，M 可取 D 或者 G_i $(i \in \{S_1,V,S_2,F\})$。

4.4.1.3 多元标准正态分布函数和多变量转移密度函数的有关说明

设 $n+1$ 元标准正态分布函数为

$$N_{n+1}\left(a_0,a_1,a_2,\cdots,a_n,\sum_{n+1}\right)$$

则

$$N_{n+1}\left(a_0,\cdots,a_n,\sum_{n+1}\right)$$

$$= \int_{-\infty}^{a_n}\cdots\int_{-\infty}^{a_0}\frac{1}{(2\pi)^{(n+1)/2}\sqrt{|\sum_{n+1}|}}\exp\left[(x_0,\cdots,x_n)\sum_{n+1}(x_0,\cdots,x_n)^\mathrm{T}\mathrm{d}x_0\cdots\mathrm{d}x_n\right.$$

式中，$\sum_{n+1} = \begin{pmatrix} 1 & \rho_{01} & \cdots & \rho_{0n} \\ \rho_{01} & 1 & \cdots & \rho_{1n} \\ \vdots & \vdots & & \vdots \\ \rho_{0n} & \rho_{1n} & \cdots & 1 \end{pmatrix}_{(n+1)\times(n+1)}$ ；ρ_{ij} 是变量 x_i 与 x_j 的相关系数，$i,j = 0,$

$1,\cdots,n$。

又设 $n+1$ 个随机变量 $S_T,V_{T_1},\cdots,V_{T_n}$ 的转移密度函数记为 $\varphi(S_T,V_{T_1},\cdots,V_{T_n};$ $S_t,V_1,\cdots,V_n)$，则

$$\varphi(S_T,V_{T_1},\cdots,V_{T_n};S_t,V_1,\cdots,V_n) = \frac{1}{(2\pi\tau)^{(n+1)/2}\sqrt{|\sum_{n+1}|}\sigma_0 S_T \prod_{i=1}^{n}\sigma_0 V_{T_i}} \cdot$$

$$\exp\left[-\frac{1}{2}(x_0,x_1,\cdots,x_n)\sum_{n+1}^{-1}(x_0,x_1,\cdots,x_n)^\mathrm{T}\right]$$

其中：

$$x_0 = \left\{\ln S_T - \left[\ln S_t + \left(r - \frac{\sigma_0^2}{2}\right)\tau\right]\right\}/\sigma_0\sqrt{\tau}$$

$$x_i = \left\{\ln V_{T_i} - \left[\ln V_i + \left(r - \frac{\sigma_i^2}{2}\right)\tau\right]\right\}/\sigma_i\sqrt{\tau}\ (i=1,2,\cdots,n)$$

4.4.2　基于汇率和违约双重风险下的外国股票亚式交换期权定价

4.4.2.1　模型的建立

由于国际金融市场动荡多变,国际投资人不仅会遇上汇率风险,而且可能会遇到外国公司的违约风险。正因为违约风险的存在,企业到期时的支付就被分成两部分:一部分是没有违约时的支付,另一部分是发生违约时的补偿支付。由此可以得出以国内股票 S_2 的几何平均为执行价的外国股票几何平均亚式交换期权的到期收益:

$$X_T = \left[G_{S_1}(T) G_F(T) - G_{S_2}(T) \right]^+ I_{\{\delta_T \geqslant 1\}} + \left[G_{S_1}(T) G_F(T) - G_{S_2}(T) \right]^+ \delta_T I_{\{\delta_T < 1\}}$$

设 $E\langle X \mid F_t \rangle$ 表示随机变量 X 关于到时间 t 为止可获得信息的条件期望,根据鞅定价理论,期权在 t 时刻的价值为到期收益期望的折现,即

$$X_t = B_t E_Q \left\{ B_T^{-1} \left[G_{S_1}(T) G_F(T) - G_{S_2}(T) \right]^+ (I_{\{\delta_T \geqslant 1\}} + \delta_T I_{\{\delta_T < 1\}}) \mid F_t \right\}$$

式中, $\delta_T = G_V(T)/D(T)$。

令 $\psi_T = G_{S_1}(T) G_F(T)$, $\varphi_T = \psi_T / G_{S_2}(T)$,则在风险中性测度 Q 下,有

$$
\begin{cases}
\dfrac{\mathrm{d}\psi(t)}{\psi(t)} = r_\psi \mathrm{d}t + \sigma_\psi \mathrm{d}\widetilde{w}_t^\psi \\[3mm]
\dfrac{\mathrm{d}\varphi(t)}{\varphi(t)} = r_\varphi \mathrm{d}t + \sigma_\varphi \mathrm{d}\widetilde{w}_t^\varphi
\end{cases}
\tag{4-29}
$$

式中, $r_\psi = r_d - q_f - \rho_{G_{S1} GF} \sigma_{G_{S1}} \sigma_{GF}$; $\sigma_\psi^2 = \sigma_{G_{S1}}^2 + 2\rho_{G_{S1} GF} \sigma_{G_{S1}} \sigma_{GF} + \sigma_{GF}^2$。
式(4-29)可变为

$$\varphi(T) = \varphi(t) \exp\left[\left(\frac{1}{2}\sigma_{G_{S2}}^2 - \frac{1}{2}\sigma_\psi^2 \right)\tau + \sigma_\varphi (\widetilde{w}_T^\varphi - \widetilde{w}_t^\varphi) \right]$$

式中, $\sigma_\varphi^2 = \sigma_{G_{S1}}^2 + \sigma_{GF}^2 + 2\rho_{G_{S1} GF} \sigma_{G_{S1}} \sigma_{GF} + \sigma_{G_{S2}}^2 - 2\rho_{G_{S1} G_{S2}} \sigma_{G_{S1}} \sigma_{G_{S2}} - 2\rho_{G_{S2} GF} \sigma_{G_{S2}} \sigma_{GF}$。
设 φ 与 δ 的相关系数为 $\rho_{\varphi\delta}$,则

$$\rho_{\varphi\delta} = (\rho_{\varphi GV} \sigma_{GV} - \rho_{\varphi D} \sigma_D)/\sigma_\delta$$

其中:

$$\rho_{\varphi GV} = (\rho_{G_{S1} GV} \sigma_{G_{S1}} + \rho_{GFGV} \sigma_{GF} - \rho_{G_{S2} GV} \sigma_{G_{S2}})/\sigma_\varphi$$

$$\rho_{\varphi D} = (\rho_{G_{S1} D} \sigma_{G_{S1}} + \rho_{GFD} \sigma_{GF} - \rho_{G_{S2} D} \sigma_{G_{S2}})/\sigma_\varphi$$

所以

$$X_t = B_t E_Q \left(B_T^{-1} \left\{ G_{S_2}(T) \left[\varphi(T) - 1 \right]^+ \right\} \left[I_{\{\delta_T \geqslant 1\}} + \delta_T I_{\{\delta_T < 1\}} \right] \mid F_t \right)$$

令

$$X_t = E_1 - E_2 + E_3 - E_4$$

其中：

$$E_1 = B_t E_Q \left[B_T^{-1} G_{S_2}(T) \varphi(T) I_{\{\varphi(T) > 1\}} I_{\{\delta_T \geqslant 1\}} \mid F_t \right]$$

$$E_2 = B_t E_Q \left[B_T^{-1} G_{S_2}(T) I_{\{\varphi(T) > 1\}} I_{\{\delta_T \geqslant 1\}} \mid F_t \right]$$

$$E_3 = B_t E_Q \left[B_T^{-1} G_{S_2}(T) \varphi(T) \delta_T I_{\{\varphi(T) > 1\}} I_{\{\delta_T < 1\}} \mid F_t \right]$$

$$E_4 = B_t E_Q \left[B_T^{-1} G_{S_2}(T) \delta_T I_{\{\varphi(T) > 1\}} I_{\{\delta_T < 1\}} \mid F_t \right]$$

4.4.2.2　模型的求解

假设国内无风险利率 r_d 为常数，则 $B_t E_Q \left[B_T^{-1} \mid F_t \right] = \mathrm{e}^{-r_d \tau}$，其中 $\tau = T - t$。为了方便用数学符号表示，做以下符号更改：

$$G_{S_1} \triangleq G_1$$

$$G_{S_2} \triangleq G_2$$

$$G_{S_2}(T) \triangleq G_{2T}$$

$$G_{S_2}(t) \triangleq G_{2t}$$

$$\varphi(T) = \varphi_T$$

$$\varphi(t) = \varphi_t$$

$$\rho_{\varphi\delta} = \frac{\rho_{\varphi GV} \sigma_{GV} - \rho_{\varphi D} \sigma_D}{\sigma_\delta} \triangleq \rho_{01}$$

$$\rho_{G_2\delta} = \frac{\rho_{G_2 GV} \sigma_{GV} - \rho_{G_2 D} \sigma_D}{\sigma_\delta} \triangleq \rho_{12}$$

$$\rho_{G_2\varphi} = \frac{\rho_{G_1 G_2} \sigma_{G_1} + \rho_{G_2 GF} \sigma_F - \sigma_{G_2}}{\sigma_\varphi} \triangleq \rho_{02}$$

（1）E_1 的计算

$$E_1 = B_t E_Q \left[B_T^{-1} G_{2T} \varphi_T I_{\{\varphi_T > 1\}} I_{\{\delta_T \geqslant 1\}} \mid F_t \right]$$

$$= e^{-r_d\tau} \int_{-\infty}^{+\infty} \int_{-\infty}^{+\infty} \int_{-\infty}^{+\infty} G_{2T}\varphi_T I_{\{\varphi_T>1\}} I_{\{\delta_T\geqslant 1\}} \varphi_3(G_{2T},\varphi_T,\delta_T,G_{2t},\varphi_t,\delta_t) dG_{2T} d\varphi_T d\delta_T$$

其中：

$$\varphi_3(G_{2T},\varphi_T,\delta_T,G_{2t},\varphi_t,\delta_t) = \frac{1}{(2\pi\tau)^{3/2}\sqrt{\left|\sum_3\right|}\sigma_{G_2}G_{2T}\sigma_{\varphi}\varphi_T\sigma_{\delta}\delta_T} \cdot$$

$$\exp\left[-\frac{1}{2}(x_0,x_1,x_2)\sum_3^{-1}(x_0,x_1,x_2)^T\right]$$

$$\sum_3 = \begin{pmatrix} 1 & \rho_{01} & \rho_{02} \\ \rho_{01} & 1 & \rho_{12} \\ \rho_{02} & \rho_{12} & 1 \end{pmatrix}, \sum_3^{-1} = \frac{1}{\left|\sum_3\right|}\begin{pmatrix} a_{00} & a_{01} & a_{02} \\ a_{01} & a_{11} & a_{12} \\ a_{02} & a_{12} & a_{22} \end{pmatrix}$$

$$\left|\sum_3\right| = 1 - \rho_{01}^2 - \rho_{02}^2 - \rho_{12}^2 + 2\rho_{01}\rho_{02}\rho_{12}, a_{00} = 1 - \rho_{12}^2, a_{11} = 1 - \rho_{02}^2, a_{22} = 1 - \rho_{01}^2$$

$$a_{01} = \rho_{02}\rho_{12} - \rho_{01}, a_{02} = \rho_{01}\rho_{12} - \rho_{02}, a_{12} = \rho_{01}\rho_{02} - \rho_{12}$$

由示性函数性质可得，存在 a_0^0、a_1^0，满足

$$\varphi_T = \varphi_t\exp\left[\left(\frac{1}{2}\sigma_{G_2}^2 - \frac{1}{2}\sigma_{\psi}^2\right)\tau + \sigma_{\varphi}\sqrt{\tau}(-a_0^0)\right] = 1$$

$$\delta_T = \delta_t\exp\left[\left(\frac{1}{2}\sigma_D^2 - \frac{1}{2}\sigma_{Gv}^2\right)\tau + \sigma_{\delta}\sqrt{\tau}(-a_1^0)\right] = 1$$

解得

$$a_0^0 = \frac{\ln\varphi_t + \left(\dfrac{1}{2}\sigma_{G_2}^2 - \dfrac{1}{2}\sigma_{\psi}^2\right)\tau}{\sigma_{\varphi}\sqrt{\tau}}$$

$$a_1^0 = \frac{\ln\delta_t + \left(\dfrac{1}{2}\sigma_D^2 - \dfrac{1}{2}\sigma_{Gv}^2\right)\tau}{\sigma_{\delta}\sqrt{\tau}}$$

即

$$E_1 = e^{-r_d\tau}\int_{-\infty}^{+\infty}\int_{-a_1^0}^{+\infty}\int_{-a_0^0}^{+\infty} S_{2t}\exp(\lambda_2 + \theta_2 x_2)\varphi_t\exp\left[\left(\frac{1}{2}\sigma_{G_2}^2 - \frac{1}{2}\sigma_{\psi}^2\right)\tau + \sigma_{\varphi}\sqrt{\tau}x_0\right] \cdot$$

$$\frac{1}{(2\pi)^{\frac{3}{2}}\sqrt{\left|\sum_3\right|}}\exp\left[-\frac{1}{2\left|\sum_3\right|}(a_{00}x_0^2 + a_{11}x_1^2 + a_{22}x_2^2 + 2a_{01}x_0x_1 + 2a_{02}x_0x_2 +\right.$$

$$2a_{12}x_1x_2 \Big) \Big] \mathrm{d}x_0 \,\mathrm{d}x_1 \,\mathrm{d}x_2$$

存在 a、b、c、w_1，使得

$$w_1 + \theta_2 x_2 + \sigma_\varphi \sqrt{\tau} x_0 - \frac{1}{2\big|\sum_3\big|}(a_{00}x_0^2 + a_{11}x_1^2 + a_{22}x_2^2 + 2a_{01}x_0x_1 + 2a_{02}x_0x_2 +$$

$$2a_{12}x_1x_2) = -\frac{1}{2\big|\sum_3\big|}\big[a_{00}(x_0-a)^2 + a_{11}(x_1-b)^2 + a_{22}(x_2-c)^2 +$$

$$2a_{01}(x_0-a)(x_1-b) + 2a_{02}(x_0-a)(x_2-c) + 2a_{12}(x_1-b)(x_2-c)\big]$$

利用比较系数法，得

$$a_{00}a^2 + a_{11}b^2 + a_{22}c^2 + 2a_{01}ab + 2a_{02}ac + 2a_{12}bc = w_1\Big(-2\big|\textstyle\sum_3\big|\Big) \qquad (4\text{-}30)$$

$$aa_{00} + ba_{01} + ca_{02} = \sigma_\varphi \sqrt{\tau}\big|\textstyle\sum_3\big|$$

$$aa_{01} + ba_{11} + ca_{12} = 0$$

$$aa_{02} + ba_{12} + ca_{22} = \theta_2\big|\textstyle\sum_3\big|$$

根据克莱姆法则解得

$$a = \frac{\begin{vmatrix} \sigma_\varphi\sqrt{\tau}\big|\sum_3\big| & a_{01} & a_{02} \\ 0 & a_{11} & a_{12} \\ \theta_2\big|\sum_3\big| & a_{12} & a_{22} \end{vmatrix}}{\begin{vmatrix} a_{00} & a_{01} & a_{02} \\ a_{01} & a_{11} & a_{12} \\ a_{02} & a_{12} & a_{22} \end{vmatrix}} = \frac{\sigma_\varphi\sqrt{\tau}\begin{vmatrix} a_{11} & a_{12} \\ a_{12} & a_{22} \end{vmatrix} + \theta_2\begin{vmatrix} a_{01} & a_{02} \\ a_{11} & a_{12} \end{vmatrix}}{\big|\sum_3\big|} = \sigma_\varphi\sqrt{\tau} + \theta_2\rho_{02}$$

$$b = \frac{\begin{vmatrix} a_{00} & \sigma_\varphi\sqrt{\tau}\big|\sum_3\big| & a_{02} \\ a_{01} & 0 & a_{12} \\ a_{02} & \theta_2\big|\sum_3\big| & a_{22} \end{vmatrix}}{\begin{vmatrix} a_{00} & a_{01} & a_{02} \\ a_{01} & a_{11} & a_{12} \\ a_{02} & a_{12} & a_{22} \end{vmatrix}} = \frac{\sigma_\varphi\sqrt{\tau}\begin{vmatrix} a_{01} & a_{12} \\ a_{02} & a_{22} \end{vmatrix} + \theta_2\begin{vmatrix} a_{00} & a_{02} \\ a_{01} & a_{12} \end{vmatrix}}{\big|\sum_3\big|} = \sigma_\varphi\sqrt{\tau}\rho_{01} + \theta_2\rho_{12}$$

$$c=\frac{\begin{vmatrix} a_{00} & a_{01} & \sigma_\varphi\sqrt{\tau}\left|\sum_3\right| \\ a_{01} & a_{11} & 0 \\ a_{02} & a_{12} & \theta_2\left|\sum_3\right| \end{vmatrix}}{\begin{vmatrix} a_{00} & a_{01} & a_{02} \\ a_{01} & a_{11} & a_{12} \\ a_{02} & a_{12} & a_{22} \end{vmatrix}}=\frac{\sigma_\varphi\sqrt{\tau}\begin{vmatrix} a_{01} & a_{11} \\ a_{02} & a_{12} \end{vmatrix}+\theta_2\begin{vmatrix} a_{00} & a_{01} \\ a_{01} & a_{11} \end{vmatrix}}{\left|\sum_3\right|}=\sigma_\varphi\sqrt{\tau}\rho_{02}+\theta_2$$

把上述 a、b、c 代入式(4-30)可得

$$w_1=-\frac{1}{2}(\sigma_\varphi^2\tau+\theta_2^2)-\sigma_\varphi\sqrt{\tau}\rho_{02}\theta_2$$

因此,可以令

$$\bar{x}_0=x_0-(\sigma_\varphi\sqrt{\tau}+\theta_2\rho_{02})$$

$$\bar{x}_1=x_1-(\sigma_\varphi\sqrt{\tau}\rho_{01}+\theta_2\rho_{12})$$

$$\bar{x}_2=x_2-(\sigma_\varphi\sqrt{\tau}\rho_{02}+\theta_2)$$

相应地,有

$$a_0^1=a_0^0+(\sigma_\varphi\sqrt{\tau}+\theta_2\rho_{02})$$

$$a_1^1=a_1^0+(\sigma_\varphi\sqrt{\tau}\rho_{01}+\theta_2\rho_{12})$$

所以

$$E_1=S_{2t}\varphi_t\exp\left[-r_d\tau+\lambda_2+\left(\frac{1}{2}\sigma_{G2}^2-\frac{1}{2}\sigma_\psi^2\right)\tau-w_1\right]\int_{-\infty}^{+\infty}\int_{-a_1^1}^{+\infty}\int_{-a_0^1}^{+\infty}\frac{1}{(2\pi)^{\frac{3}{2}}\sqrt{\left|\sum_3\right|}}\cdot$$

$$\exp\left[-\frac{1}{2\left|\sum_3\right|}(a_{00}\bar{x}_0^2+a_{11}\bar{x}_1^2+a_{22}\bar{x}_2^2+2a_{01}\bar{x}_0\bar{x}_1+2a_{02}\bar{x}_0\bar{x}_2+2a_{12}\bar{x}_1\bar{x}_2)\right]d\bar{x}_0d\bar{x}_1d\bar{x}_2$$

$$=S_{2t}\varphi_t\exp(m_1)N_2\left(a_0^1,a_1^1,\sum_2\right)$$

其中:

$$w_1=-\frac{1}{2}(\sigma_\varphi^2\tau+\theta_2^2)-\sigma_\varphi\sqrt{\tau}\rho_{02}\theta_2$$

$$m_1=-r_d\tau+\lambda_2+\left(\frac{1}{2}\sigma_{G2}^2-\frac{1}{2}\sigma_\psi^2\right)\tau-w_1$$

$$a_0^1 = a_0^0 + (\sigma_\varphi \sqrt{\tau} + \theta_2 \rho_{02})$$

$$a_1^1 = a_1^0 + (\sigma_\varphi \sqrt{\tau} \rho_{01} + \theta_2 \rho_{12})$$

$$\sum\nolimits_2 = \begin{pmatrix} 1 & \rho_{01} \\ \rho_{01} & 1 \end{pmatrix}$$

（2）E_2 的计算

类似 E_1 的计算过程，可以令

$$\hat{x}_0 = x_0 - \theta_2 \rho_{02}$$

$$\hat{x}_1 = x_1 - \theta_2 \rho_{12}$$

$$\hat{x}_2 = x_2 - \theta_2$$

相应地，有

$$a_0^2 = a_0^0 + \theta_2 \rho_{02}$$

$$a_1^2 = a_1^0 + \theta_2 \rho_{12}$$

所以

$$E_2 = S_{2t} \exp(-r_d \tau + \lambda_2 - w_2) \int_{-\infty}^{+\infty} \int_{-a_1^2}^{+\infty} \int_{-a_0^2}^{+\infty} \frac{1}{(2\pi)^{\frac{3}{2}} \sqrt{|\sum_3|}} \cdot$$

$$\exp\left[-\frac{1}{2|\sum_3|}(a_{00}\hat{x}_0^2 + a_{11}\hat{x}_1^2 + a_{22}\hat{x}_2^2 + 2a_{01}\hat{x}_0\hat{x}_1 + 2a_{02}\hat{x}_0\hat{x}_2 + 2a_{12}\hat{x}_1\hat{x}_2)\right] d\hat{x}_0 d\hat{x}_1 d\hat{x}_2$$

$$= S_{2t} \exp(m_2) N_2\left(a_0^2, a_1^2, \sum\nolimits_2\right)$$

其中：

$$w_2 = -\frac{\theta_2^2}{2}$$

$$m_2 = -r_d \tau + \lambda_2 - w_2$$

$$a_0^2 = a_0^0 + \theta_2 \rho_{02}$$

$$a_1^2 = a_1^0 + \theta_2 \rho_{12}$$

(3)E_3 的计算

类似 E_1 的计算过程,可以令

$$\widetilde{x}_0 = x_0 - (\sigma_\varphi \sqrt{\tau} + \sigma_\delta \sqrt{\tau} \rho_{01} + \theta_2 \rho_{02})$$

$$\widetilde{x}_1 = x_1 - (\sigma_\varphi \sqrt{\tau} \rho_{01} + \sigma_\delta \sqrt{\tau} + \theta_2 \rho_{12})$$

$$\widetilde{x}_2 = x_2 - (\sigma_\varphi \sqrt{\tau} \rho_{02} + \sigma_\delta \sqrt{\tau} \rho_{12} + \theta_2)$$

相应地,有

$$a_0^3 = a_0^0 + (\sigma_\varphi \sqrt{\tau} + \sigma_\delta \sqrt{\tau} \rho_{01} + \theta_2 \rho_{02})$$

$$a_1^3 = a_1^0 + (\sigma_\varphi \sqrt{\tau} \rho_{01} + \sigma_\delta \sqrt{\tau} + \theta_2 \rho_{12})$$

所以

$$E_3 = S_{2t} \varphi_t \delta_t \exp\left[-r_d \tau + \lambda_2 + \left(\frac{1}{2} \sigma_{G2}^2 - \frac{1}{2} \sigma_\psi^2 \right) \tau + \left(\frac{1}{2} \sigma_D^2 - \frac{1}{2} \sigma_{GV}^2 \right) \tau - w_3 \right] \cdot$$

$$\int_{-\infty}^{+\infty} \int_{-a_1^3}^{+\infty} \int_{-a_0^3}^{+\infty} \frac{1}{(2\pi)^{\frac{3}{2}} \sqrt{\left| \sum_3 \right|}} \exp\left[-\frac{1}{2 \left| \sum_3 \right|} (a_{00} \widetilde{x}_0^2 + a_{11} \widetilde{x}_1^2 + a_{22} \widetilde{x}_2^2 + 2a_{01} \widetilde{x}_0 \widetilde{x}_1 + \right.$$

$$\left. 2a_{02} \widetilde{x}_0 \widetilde{x}_2 + 2a_{12} \widetilde{x}_1 \widetilde{x}_2) \right] \mathrm{d}\widetilde{x}_0 \mathrm{d}\widetilde{x}_1 \mathrm{d}\widetilde{x}_2 = S_{2t} \varphi_t \delta_t \exp(m_3) N_2 \left(a_0^3, a_1^3, \sum_2 \right)$$

其中:

$$w_3 = -\frac{1}{2} (\sigma_\varphi^2 \tau + \sigma_\delta^2 \tau + 2\sigma_\varphi \sigma_\delta \tau \rho_{01} + \theta_2^2) - (\sigma_\varphi \sqrt{\tau} \rho_{02} + \sigma_\delta \sqrt{\tau} \rho_{12}) \theta_2$$

$$m_3 = -r_d \tau + \lambda_2 + \left(\frac{1}{2} \sigma_{G2}^2 - \frac{1}{2} \sigma_\psi^2 \right) \tau + \left(\frac{1}{2} \sigma_D^2 - \frac{1}{2} \sigma_{GV}^2 \right) \tau - w_3$$

$$a_0^3 = a_0^0 + (\sigma_\varphi \sqrt{\tau} + \sigma_\delta \sqrt{\tau} \rho_{01} + \theta_2 \rho_{02})$$

$$a_1^3 = a_1^0 + (\sigma_\varphi \sqrt{\tau} \rho_{01} + \sigma_\delta \sqrt{\tau} + \theta_2 \rho_{12})$$

(4)E_4 的计算

类似 E_1 的计算过程,可以令

$$\hat{x}_0 = x_0 - (\sigma_\delta \sqrt{\tau} \rho_{01} + \theta_2 \rho_{02})$$

$$\hat{x}_1 = x_1 - (\sigma_\delta \sqrt{\tau} + \theta_2 \rho_{12})$$

$$\hat{x}_2 = x_2 - (\sigma_\delta \sqrt{\tau} \rho_{12} + \theta_2)$$

相应地,有

$$a_0^4 = a_0^0 + (\sigma_\delta \sqrt{\tau} \rho_{01} + \theta_2 \rho_{02})$$

$$a_1^4 = a_1^0 + (\sigma_\delta \sqrt{\tau} + \theta_2 \rho_{12})$$

所以

$$E_4 = S_{2t} \delta_t \exp\left[-r_d \tau + \lambda_2 + \left(\frac{1}{2}\sigma_D^2 - \frac{1}{2}\sigma_{GV}^2\right)\tau - w_4\right] \int_{-\infty}^{+\infty} \int_{-a_1^4}^{+\infty} \int_{-a_0^4}^{+\infty} \frac{1}{(2\pi)^{\frac{3}{2}} \sqrt{\left|\sum_3\right|}} \cdot$$

$$\exp\left[-\frac{1}{2\left|\sum_3\right|}(a_{00}\widehat{x_0}^2 + a_{11}\widehat{x_1}^2 + a_{22}\widehat{x_2}^2 + 2a_{01}\widehat{x_0}\widehat{x_1} + 2a_{02}\widehat{x_0}\widehat{x_2} + 2a_{12}\widehat{x_1}\widehat{x_2})\right] \mathrm{d}\widehat{x_0}\,\mathrm{d}\widehat{x_1}\,\mathrm{d}\widehat{x_2}$$

$$= S_{2t}\delta_t \exp(m_4) N_2\left(a_0^4, a_1^4, \sum_2\right)$$

其中:

$$w_4 = -\frac{1}{2}(\sigma_\delta^2 \tau + \theta_2^2) - \sigma_\delta \sqrt{\tau} \rho_{12} \theta_2$$

$$m_4 = -r_d \tau + \lambda_2 + \left(\frac{1}{2}\sigma_D^2 - \frac{1}{2}\sigma_{GV}^2\right)\tau - w_4$$

$$a_0^4 = a_0^0 + (\sigma_\delta \sqrt{\tau} \rho_{01} + \theta_2 \rho_{02})$$

$$a_1^4 = a_1^0 + (\sigma_\delta \sqrt{\tau} + \theta_2 \rho_{12})$$

4.4.2.3　模型结论

综上所述,在考虑股票分红和债务随机时的情况下,以国内股票价格为执行价的该股票亚式交换期权的信用风险定价公式为

$$X_t = S_{2t} \exp(m_2) N_2\left(a_0^2, a_1^2, \sum_2\right) - S_{2t} \exp(m_2) N_2\left(a_0^2, a_1^2, \sum_2\right) +$$

$$S_{2t}\varphi_t \delta_t \exp(m_3) N_2\left(a_0^3, a_1^3, \sum_2\right) - S_{2t}\delta_t \exp(m_4) N_2\left(a_0^4, a_1^4, \sum_2\right)$$

其中:

$$a_0^0 = \frac{\ln \varphi_t + \left(\frac{1}{2}\sigma_{G2}^2 - \frac{1}{2}\sigma_\psi^2\right)\tau}{\sigma_\varphi \sqrt{\tau}}$$

$$a_1^0 = \frac{\ln \delta_t + \left(\frac{1}{2}\sigma_D^2 - \frac{1}{2}\sigma_{GV}^2\right)\tau}{\sigma_\delta \sqrt{\tau}}$$

$$w_1 = -\frac{1}{2}(\sigma_\varphi^2 \tau + \theta_2^2) - \sigma_\varphi \sqrt{\tau} \rho_{02} \theta_2$$

$$m_1 = -r_d \tau + \lambda_2 + \left(\frac{1}{2}\sigma_{G2}^2 - \frac{1}{2}\sigma_\psi^2\right)\tau - w_1$$

$$a_0^1 = a_0^0 + (\sigma_\varphi \sqrt{\tau} + \theta_2 \rho_{02})$$

$$a_1^1 = a_1^0 + (\sigma_\varphi \sqrt{\tau} \rho_{01} + \theta_2 \rho_{12})$$

$$\sum\nolimits_2 = \begin{pmatrix} 1 & \rho_{01} \\ \rho_{01} & 1 \end{pmatrix}$$

$$w_2 = -\frac{\theta_2^2}{2}$$

$$m_2 = -r_d \tau + \lambda_2 - w_2$$

$$a_0^2 = a_0^0 + \theta_2 \rho_{02}$$

$$a_1^2 = a_1^0 + \theta_2 \rho_{12}$$

$$w_3 = -\frac{1}{2}(\sigma_\varphi^2 \tau + \sigma_\delta^2 \tau + 2\sigma_\varphi \sigma_\delta \tau \rho_{01} + \theta_2^2) - (\sigma_\varphi \sqrt{\tau} \rho_{02} + \sigma_\delta \sqrt{\tau} \rho_{12})\theta_2$$

$$m_3 = -r_d \tau + \lambda_2 + \left(\frac{1}{2}\sigma_{G2}^2 - \frac{1}{2}\sigma_\psi^2\right)\tau + \left(\frac{1}{2}\sigma_D^2 - \frac{1}{2}\sigma_{GV}^2\right)\tau - w_3$$

$$a_0^3 = a_0^0 + (\sigma_\varphi \sqrt{\tau} + \sigma_\delta \sqrt{\tau} \rho_{01} + \theta_2 \rho_{02})$$

$$a_1^3 = a_1^0 + (\sigma_\varphi \sqrt{\tau} \rho_{01} + \sigma_\delta \sqrt{\tau} + \theta_2 \rho_{12})$$

$$w_4 = -\frac{1}{2}(\sigma_\delta^2 \tau + \theta_2^2) - \sigma_\delta \sqrt{\tau} \rho_{12} \theta_2$$

$$m_4 = -r_d \tau + \lambda_2 + \left(\frac{1}{2}\sigma_D^2 - \frac{1}{2}\sigma_{GV}^2\right)\tau - w_4$$

$$a_0^4 = a_0^0 + (\sigma_\delta \sqrt{\tau} \rho_{01} + \theta_2 \rho_{02})$$

$$a_1^4 = a_1^0 + (\sigma_\delta \sqrt{\tau} + \theta_2 \rho_{12})$$

本章结论可以为将来国内市场出现该期权时提供一个较为理性的定价指导。在本章理论的基础上,还可以进一步考虑国内外无风险利率参数 r_f 和 r_d 不是常数而是一个随机过程的情况,那么在传统模型的基础上,假定利率遵从高斯利率过程,违约强度函数遵从重随机 Poisson 过程的情况下,同样可以给出不完全市场下该期权在双重风险暴露下的定价公式。

5 证券投资组合理论

利用 Markowitz 的均值-方差分析方法,用均值衡量投资组合的收益,用方差衡量投资组合的风险,从主观和客观上描述了投资者对期望收益率和风险的偏好程度,从而建立起能够最大限度满足投资者需求的投资组合模型。而投资者在投资组合模型中根据各股票期望收益率等数值的计算,得出投资组合的最优投资比例,并进行模拟投资,为投资者选择最优投资组合及比例提供更加可靠的科学依据。

5.1 均值-方差组合选择理论

随着科学、经济的发展,投资理财在人们的生活中越来越重要。其中证券投资作为投资理财中的主要组成部分,如何进行证券投资值得人们深入研究。中国证券业在 20 世纪 90 年代至今的 30 几个年头中不断发展壮大。随着我国市场经济建设的高速发展,人们的金融意识和投资意识日益增强,越来越多的投资者把眼光投向了证券市场。但是我们也应该认识到中国证券业在发展中暴露了不少问题,比如我国证券市场投机现象比较严重,面对各种各样的股票如果没有理性的投资态度,投资者将难以取得成功。若想在股市投资中赢取丰厚的投资回报,就得认真研究上市公司的历史、业绩和发展前景,研究这只股票该不该投资、值不值得投资、投资价值高不高、收益能力怎么样,研究如何在各种股票之间进行投资组合。上市公司对外披露的财务指标中往往隐含很多能具体反映公司在某年度财务状况的信息。

但如果仅仅是笼统地、盲目地去查看这些繁杂的财务指标,一般很难从中发现更多对投资者做出投资决策有帮助的信息。而 Markowitz 在 1952 年提出的均值-方差投资组合模型作为现代投资理论的基础,其有效性已被广泛理论和实证分析所验证。本章将 Markowitz 的均值-方差分析方法应用到上市公司财务数据的分析中,通过透视企业的财务状况,用均值衡量投资组合的收益,用方差衡量投资组合的风险;从主观和客观上描述了投资者对期望收益率和风险的偏好程度,从而建立起能够最大限度满足投资者需求的投资组合模型,投资者在投资组合模型中根据各股票期望收益率等数值的计算,得出最优投资组合的最优投资比例,为投资者选择最优投资组合及比例提供更加可靠的科学依据。

5.2 证券投资组合的均值-方差分析

5.2.1 模型与方法

Markowitz 的均值-方差分析方法是在禁止融券和没有无风险借贷的假设下,以资产组合中个别资产收益率的均值和方差找出投资组合的有效前沿(efficient frontier),即一定收益率水平下方差最小的投资组合,并导出投资者只有在有效组合前沿上选择投资组合才会达到最优。

对于投资者而言,任给一个证券组合,根据他对期望收益率和风险的偏好程度,按期望收益率对风险补偿的要求,可以得到一系列满意程度相同的证券组合,这些组合在均值-方差坐标系中形成该投资者的均值-方差无差异曲线(图 5-1)。该曲线代表给投资者带来相同满足程度的预期收益率和风险的所有组合。

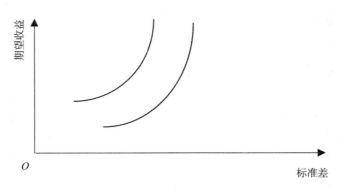

图 5-1 投资者的均值-方差无差异曲线

无差异曲线的斜率表示风险和收益之间的替代率,斜率越大,表明投资者愿意多冒风险的前提是给他提供的收益补偿越高,即该投资者厌恶风险。反之,斜率越小,表明该投资者厌恶风险程度越低。

现在对这两种投资组合进行均值-方差分析:

设有两种证券,两种证券的期望收益率分别记为 r_1 和 r_2。设 $r_1 \neq r_2$,设投资于证券 A 的资金比例为 ω_1,投资于证券 B 的资金比例为 ω_2,满足:$\omega_1 + \omega_2 = 1$。

投资组合 $\omega = (\omega_1, \omega_2)^{\mathrm{T}}$ 的期望收益率:$r_p = \omega_1 r_1 + \omega_2 r_2$。

方差为:$\sigma_p^2 = \omega_1^2 \sigma_1^2 + 2\omega_1 \omega_2 \rho_{12} \sigma_1 \sigma_2 + \omega_2^2 \sigma_2^2$。

由上式可在证券投资选择集中描绘出因投资比例的变化,形成的所有投资组合的风险收益组合点,这些点形成的区域叫作投资者的可行集(即资产组合的机会集合)。它表示在收益和风险平面上,由多种资产所形成的所有期望收益率和方差的组合的集合。可行集包括了所有可能的组合,一般来说,N 种资产的可行集图形如图 5-2 所示。

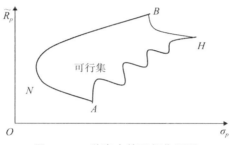

图 5-2   N 种资产的可行集图形

对于所有的投资者而言,在同样的风险水平下,会选择能提供最大预期收益率的组合;在相同的预期收益率下,会选择风险更小的组合。而同时满足这两个条件的投资组合被称为有效集(或有效边界)。在可行集中,可行集边界的那条双曲线顶点以上的 NB 部分就是有效集。有效集图形如图 5-3 所示。

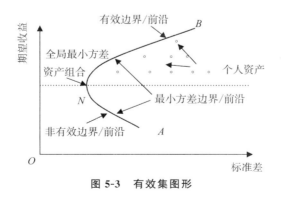

图 5-3   有效集图形

期望收益率严格小于最小方差组合期望收益率的前沿边界资产组合被称为有效资产

组合。投资者选取最优投资组合,是按照均值-方差效率原则进行的,是位于无差异曲线与有效集的相切点。无差异曲线与有效集的相切点图形如图 5-4 所示。

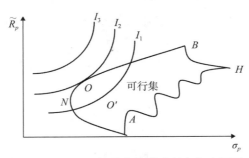

图 5-4 无差异曲线与有效集的相切点图形

有效集向上凸和无差异曲线向下凸的特性决定了它们的相切点只有一个,也就是说最优投资组合是唯一的。对于投资者而言,有效集是客观存在的,它是由证券市场决定的;而无差异曲线则是主观的,它是由自己的风险-收益偏好决定的。

5.2.2 实证分析

5.2.2.1 样本指标及数据的选取

对于理性的投资者而言,他们在选择股票时,总要考虑许多因素。比如说自己选择的这只股票该不该投资、值不值得投资、投资价值高不高、收益能力怎么样,在各种股票之间如何进行取舍,适合做长线投资还是短线投资,这些问题往往与上市公司在行业中的地位、公司的股权分析、财务经营情况、经营管理能力等息息相关。而财务指标通常被认为是最能直接反映公司业绩的工具。所以本节选择了如表 5-1 所示的反映上市公司投资价值的财务指标,见参考文献(史蒂文 E. 施里夫,2016)。

表 5-1 上市公司综合评价指标体系

指标类型	指标名称
盈利能力	净资产收益率=净利润/平均净资产
	每股现金流量=(净现金流量－优先股股利)/普通股
	每股收益=净利润/期末总股本

续表

指标类型	指标名称
成长能力	主营业务收入增长率＝本期主营业务收入／上期主营业务收入－1
	净利润增长率＝本期净利润／上期净利润－1
股本扩张能力	每股净资产＝期末净资产／期末总股本－1

随机选取 A 股市场的 25 只股票进行实例分析（表 5-2），指标数据来源于金融界公布的上市公司 2012 年的财务数据，具体可参见参考文献（潘素娟，陈丽珍，2013）。下面用 x_1、x_2、x_3、x_4、x_5、x_6 分别表示净资产收益率、每股现金流量、每股收益、主营业务收入增长率、净利润增长率、每股净资产。

表 5-2　2012 年上市公司财务数据

公司	盈利能力			成长能力		股本扩张能力
	x_1	x_2	x_3	x_4	x_5	x_6
亿晶光电	－25.43％	－0.31	－0.88	－63.62％	－227.41％	2.95
佰利联	8.91％	－0.7713	0.98	－5.37％	－48.68％	11.36
浦发银行	10.86％	1.1250	0.92	25.54％	33.49％	8.69
天通股份	－2.43％	－0.0740	－0.0560	－24.26％	－275.30％	2.25
张裕 A	21.82％	0.91	1.70	－6.57％	－7.99％	7.84
双汇发展	27.93％	4.1419	2.62	10.81％	116.25％	10.67
爱施德	－7.02％	0.0872	－0.26	52.09％	－172.31％	3.81
梦洁家纺	5.24％	0.0058	0.38	－4.14％	－48.37％	7.39
贵州茅台	36.16％	7.2800	10.04	46.10％	58.62％	30.11
洋河股份	41.25％	4.8600	4.47	44.34％	65.58％	12.38
软控股份	6.88％	0.0702	0.28	－26.92％	－54.50％	4.18
向日葵	－9.34％	－0.1000	－0.26	－33.53％	－236.56％	2.66
大商股份	24.57％	7.9424	3.33	4.79％	256.60％	15.08
中国平安	13.80％	35.4800	2.53	20.27％	2.95％	20.16
云南旅游	4.20％	0.4449	0.1133	35.36％	43.37％	2.73

续表

公司	盈利能力			成长能力		股本扩张能力
	x_1	x_2	x_3	x_4	x_5	x_6
南大光电	15.49%	−0.4900	1.87	−44.99%	−52.42%	22.58
精功科技	−16.91%	−0.7146	−0.43	−68.72%	−148.47%	2.25
天龙光电	−7.27%	−0.6317	−0.4266	−71.26%	−200.52%	5.61
雅戈尔	12.26%	2.3761	0.72	−6.99%	−9.31%	6.29
大立科技	7.48%	—	0.34	17.94%	8.38%	4.57
科恒股份	10.33%	−0.7499	1.23	−52.49%	−69.52%	18.65
蓝盾股份	6.69%	−0.5800	0.37	59.91%	27.84%	6.48
* ST 兴业	—	—	−0.02	—	18.35%	−1.46
东信和平	2.77%	−0.0650	0.0823	15.59%	−12.45%	3.03
伊利股份	21.08%	1.6600	0.85	12.70%	−3.66%	4.37

5.2.2.2　对数据进行统计分析

（1）均值-方差分析

在上述的股票样本中选取 5 只高收益、高成长性和强股本扩张能力的股票组合：浦发银行（600000）、贵州茅台（600519）、中国平安（601318）、南大光电（300346）、科恒股份（300340）。收集这 5 只股票 2013 年 3 月 7 日到 2013 年 4 月 19 日连续 30 个交易日的收盘价格（表 5-3），记第 i 只股票第 t 日的收盘价格为 P_{it}，即分别用 P_{1t}、P_{2t}、P_{3t}、P_{4t}、P_{5t} 表示浦发银行、贵州茅台、中国平安、南大光电、科恒股份第 t 日的收盘价格，并计算单项资产的每日收益率：$r_{it} = \dfrac{P_{it}}{P_{i,t-1}} - 1$。

表 5-3　5 只股票的收盘价格与每日收益率

日期	P_{1t}	r_{1t}	P_{2t}	r_{2t}	P_{3t}	r_{3t}	P_{4t}	r_{4t}	P_{5t}	r_{5t}
0419	10.14	0.0530	179.23	0.0004	42.9	0.0151	60.5	0.0383	39.48	0.0379
0418	9.63	0.0042	179.15	0.0037	42.26	0.0108	58.27	0.0490	38.04	−0.0016
0417	9.59	−0.0154	178.49	0.0308	41.81	0.0067	55.55	0.0045	38.1	−0.0021

续表

日期	P_{1t}	r_{1t}	P_{2t}	r_{2t}	P_{3t}	r_{3t}	P_{4t}	r_{4t}	P_{5t}	r_{5t}
0416	9.74	−0.0092	173.16	0.0024	41.53	0.0252	55.3	−0.0125	38.18	0.0333
0415	9.83	−0.0111	172.74	0.0030	40.51	−0.0156	56	−0.0146	36.95	−0.0225
0412	9.94	−0.0080	172.23	0.0196	41.15	−0.0019	56.83	0.0044	37.8	−0.0352
0411	10.02	0.0020	168.92	−0.0061	41.23	0.0012	56.58	0.0014	39.18	−0.0203
0410	10	−0.0040	169.96	0.0389	41.18	0.0010	56.5	0.0021	39.99	−0.0050
0409	10.04	0.0121	163.6	−0.0044	41.14	0.0281	56.38	0.0216	40.19	0.0549
0408	9.92	−0.0139	164.32	0.0029	40	−0.0186	55.19	−0.0145	38.1	−0.0396
0403	10.06	0.0030	163.85	0.0009	40.76	0.0057	56	−0.0189	39.67	−0.0291
0402	10.03	−0.0020	163.71	−0.0075	40.53	−0.0112	57.08	0.0002	40.86	0.0389
0401	10.05	−0.0079	164.95	−0.0232	40.99	−0.0187	57.07	0.0533	39.33	0.1001
0329	10.13	0.0110	168.86	0.0122	41.77	0.0175	54.18	0.0127	35.75	0.0062
0328	10.02	−0.0688	166.82	0.0002	41.05	−0.0256	53.5	−0.0477	35.53	−0.0376
0327	10.76	0.0056	166.79	−0.0182	42.13	0.0031	56.18	0.0014	36.92	−0.0094
0326	10.7	−0.0308	169.88	0.0050	42	−0.0196	56.1	−0.0184	37.27	−0.0249
0325	11.04	−0.0018	169.03	−0.0001	42.84	−0.0063	57.15	−0.0026	38.22	0.0138
0322	11.06	−0.0036	169.05	0.0136	43.11	−0.0012	57.3	0.0037	37.7	−0.0048
0321	11.1	−0.0080	166.78	−0.0184	43.16	0.0016	57.09	0.0072	37.88	0.0210
0320	11.19	0.0507	169.91	0.0286	43.09	0.0361	56.68	0.0259	37.1	0.0306
0319	10.65	0.0162	165.18	−0.0252	41.59	0.0236	55.25	−0.0132	36	−0.0077
0318	10.48	−0.0029	169.45	−0.0425	40.63	−0.0308	55.99	−0.0254	36.28	−0.0628
0315	10.51	0.0057	176.97	−0.0110	41.92	−0.0201	57.45	−0.0240	38.71	−0.0286
0314	10.45	0.0195	178.94	−0.0266	42.78	0.0035	58.86	−0.0024	39.85	−0.0112
0313	10.25	−0.0039	183.83	0.0091	42.63	−0.0143	59	−0.0069	40.3	0.0190
0312	10.29	−0.0172	182.18	−0.0163	43.25	0.0012	59.41	−0.0461	39.55	−0.0325
0311	10.47	−0.0224	185.2	0.0058	43.2	−0.0164	62.28	0.0257	40.88	0.0172

续表

日期	P_{1t}	r_{1t}	P_{2t}	r_{2t}	P_{3t}	r_{3t}	P_{4t}	r_{4t}	P_{5t}	r_{5t}
0308	10.71	−0.0046	184.13	0.0015	43.92	0.0071	60.72	0.0015	40.19	0.0048
0307	10.76		183.86		43.61		60.63		40	

根据股市 5 只股票的 30 个工作日的日收益率可以分别求出浦发银行、贵州茅台、中国平安、南大光电、科恒股份所对应的期望收益率和方差。

其中期望收益率为

$$E(r_i) = \frac{1}{29} \sum_{t=1}^{29} r_{it}$$

方差为

$$\mathrm{Var}(r_i) = \frac{1}{29} \sum_{t=1}^{29} \left[r_{it} - E(r_i) \right]^2$$

计算结果如下：

$$E(r_1) = -0.00181, \mathrm{Var}(r_1) = 0.000489$$

$$E(r_2) = -0.00072, \mathrm{Var}(r_2) = 0.000322$$

$$E(r_3) = -0.00044, \mathrm{Var}(r_3) = 0.000288$$

$$E(r_4) = 0.000197, \mathrm{Var}(r_4) = 0.000568$$

$$E(r_5) = 0.000097, \mathrm{Var}(r_5) = 0.001148$$

$$E(r_P) = E(r_1) + E(r_2) + E(r_3) + E(r_4) + E(r_5) = -0.002679$$

（2）模拟投资

现在选取其中的 2 只股票进行模拟投资，假设有 100000 元，分别投资贵州茅台和南大光电，根据两项资产的不同比例投资组合所产生的协方差和期望收益之间的对应关系进行分析，选择适合投资者的投资策略。计算贵州茅台和南大光电每日收益率的协方差：

$$\mathrm{Cov}(r_2, r_4) = E(r_2 r_4) - E(r_2) E(r_4) = 7.92913 \times 10^{-5}$$

投资组合的方差公式为

$$\mathrm{Var}(r_P) = \omega^2 \mathrm{Var}(r_2) + (1-\omega)^2 \mathrm{Var}(r_4) + 2\omega(1-\omega) \mathrm{Cov}(r_2, r_4)$$

式中，r_P 是投资组合的收益率；$\mathrm{Var}(r_P)$ 是投资组合收益率的方差；ω 是投资组合中投资贵州茅台的比例。

将上式两边对 ω 求导,得

$$\frac{\mathrm{d}}{\mathrm{d}\omega}\mathrm{Var}(r_P)=2\omega\mathrm{Var}(r_2)-2(1-\omega)\mathrm{Var}(r_4)+(2-4\omega)\mathrm{Cov}(r_2,r_4)$$

令

$$2\omega\mathrm{Var}(r_2)-2(1-\omega)\mathrm{Var}(r_4)+(2-4\omega)\mathrm{Cov}(r_2,r_4)=0$$

解得 $\omega=66.78\%$。

所以,以 66.78% 的比例即用 66780 元投资贵州茅台,以 33.22% 的比例即以 33220 元投资南大光电,其投资可以达到最优。

证券投资是投资理财的重要方面,如何选择理财产品、建立投资模型、选择最优投资组合是投资理财的一个核心环节。本章运用 Markowitz 的均值-方差分析方法,用均值衡量投资组合的收益,用方差衡量投资组合的风险;从主观和客观上描述了投资者对期望收益率和风险的偏好程度,从而建立起能够最大限度满足投资者需求的投资组合模型,投资者在投资组合模型中根据各股票期望收益率等数值的计算,得出最优投资组合的最优投资比例,并进行模拟投资,为投资者选择最优投资组合及比例提供更加可靠的科学依据。本章涉及数学和金融方面的基本知识、理论和方法、数学建模等多个领域,不管是对学术的探讨还是对现实的应用都具有非常深远的意义。

6 金融博弈

本章主要研究动态博弈。动态博弈主要分为两大类：离散动态博弈和微分博弈。离散动态博弈是所有参与者在一些离散的时间点上采取行动，策略性让步就是一种离散动态博弈，是一种建基于非合作模式的谈判问题。与纳什的谈判问题不同，策略性让步并不要求存在具约束力的协议，但能通过非合作的模式达至各方的"合作"。在现实决策情况中，时间是不间断的，博弈参与者必须每时每刻都做出决定，这种时间连续的决策情况就是微分博弈。微分博弈可分为确定性微分博弈和随机微分博弈。

6.1 动态博弈分析

6.1.1 确定性微分博弈

定义 1：在一个 n 人微分博弈中，每位参与者 $i \in \mathbf{N}$ 的目标函数或支付函数可以表示为

$$\max_{\{u_i\}} \int_{t_0}^{T} g^i[t, x(t), u_1(t), u_2(t), \cdots, u_n(t)] \mathrm{d}t + \psi^i[x(T)], (g^i(\cdot) \geqslant 0, \psi^i(\cdot) \geqslant 0)$$

式中，$g^i(\cdot)$ 是每位参与者 i 的支付；$\psi^i[x(T)]$ 是每位参与者 i 的终点支付。

目标函数的值取决于一个确定性的动态系统：

$$\dot{x}(t)=f\big[t,x(t),u_1(t),u_2(t),\cdots,u_n(t)\big],x(t_0)=x_0 \tag{6-1}$$

式中，$t\in[t_0,T]$ 代表博弈的每一时刻，t_0 和 T 分别是博弈的开始和结束时间；$x(t)$ 表示状态变量，其进展变化取决于动态系统(6-1)；$u_i\in U^i$ 表示参与者 i 的控制。

6.1.2　随机微分博弈

一般来说，在一个 n 人随机微分博弈中，随机微分博弈带有的随机动态系统如下：

$$dX(t)=f\big[t,X(t),u_1(t),u_2(t),\cdots,u_n(t)\big]dt+\sigma\big[t,x(t)\big]dZ(t),X(t_0)=x_0 \tag{6-2}$$

式中，$X(t)$ 表示状态变量，其进展变化取决于动态系统(6-2)；$\sigma[t,x(t)]$ 表示 $m\times\Theta$ 维矩阵；$Z(t)$ 表示一个 Θ 维的 Wiener 过程。

开始状态 x_0 是给定的，令

$$\Omega\big[t,X(t)\big]=\sigma\big[t,X(t)\big]\sigma\big[t,X(t)\big]^{\mathrm{T}} \tag{6-3}$$

上式代表一个协方差，协方差第 h 行第 k 列的元素记为 $\Omega^{hk}[t,X(t)]$。

博弈的 n 位参与者的目标函数为

$$E_{t_0}\left\{\int_{t_0}^{T}g^i\big[t,X(t),u_1(t),u_2(t),\cdots,u_n(t)\big]dt+\psi^i\big[X(T)\big]\right\},(\forall i\in\mathbf{N}) \tag{6-4}$$

式中，$E_{t_0}\{\cdot\}$ 为时间点 t_0 时的期望值；$t\in[t_0,T]$ 代表博弈的每一时刻，t_0 和 T 分别是博弈的开始和结束时间；$u_i\in U^i$ 表示参与者 i 的控制；$g^i(\cdot)$ 是每位参与者 i 的瞬时支付；$\psi^i[X(T)]$ 是每位参与者 i 的终点支付。

式(6-2)与式(6-4)联立就可得到微分博弈的随机控制系统。

6.1.3　让步博弈

让步博弈是 Jorgensen 与 Yeung(1999)提出的。让步博弈是一种非合作的谈判问题，其中涉及两位参与者和两个阶段，是动态博弈的一种。由于让步博弈能适用于支付不可转移的情况，故在国家安全、政治稳定与地区主权等很多无法以金钱计量的问题上非常实用。

6.1.3.1　让步博弈的基本概念

让步博弈是导致参与者做出让步的博弈。每个让步博弈都基于一个非合作静态博弈中。在这个非合作静态博弈中，共有两位参与者，在以下的讨论中，我们用 $i, j \in \{1,2\}$，$j \neq i$，代表博弈中两位不同的参与者。我们假定信息是完美且完全的，而每位参与者 i 的策略空间 X_i 都是紧致和凸的。我们假定每位参与者 i 的支付函数 u_i 都是自己的策略 x_i 的严格凹函数和另一位参与者 j 的策略 x_j 的非递增函数，并且符合唯一性定理（uniqueness theorem）。那么，在这个非合作静态博弈中，便存在一个唯一的纳什均衡（Nash equilibrium）(x_1^N, x_2^N)：

$$x_i^N = \text{argmax}\{u_i(x_i, x_j^N) \mid x_i \in X_i\} \tag{6-5}$$

而这个非合作静态博弈中的纳什均衡便是让步博弈的起步点。我们称它为一个起步点，因为它不单代表着让步博弈的最坏情况，亦是让步博弈中两位参与者做出让步时的参考点。

在现实中，国与国之间的环保政策、关税和军备存量等问题，就像上述的非合作静态博弈，当中存在着一个低效率的纳什均衡，而参与各方的决策变量值，诸如污染物、税率、存量等的共同削减，往往能令各方的利益都得到提升。建基于这样一个非合作静态博弈，让步博弈共分为两个阶段。在第一个阶段，每位参与者为在第二个阶段的让步做出谈判；而在第二个阶段，每位参与者根据在第一个阶段的谈判结果做出让步。换句话说，我们把一个非合作静态博弈转换为一个带有动态的让步博弈。

6.1.3.2　让步的规则

当两位参与者都愿意做出让步，那么 6.1.3.1 中的非合作静态博弈便转换为一个让步博弈。在让步博弈中，我们用 $s_j \in [0, x_j^N]$ 代表参与者 j 对于他在原本的纳什均衡中的决策变量 x_j^N 的削减，并称之为参与者 j 的让步量。由于每位参与者 i 的让步量都不可能高于他在原本的纳什均衡中的决策变量 x_i^N，故此

$$s_i = \begin{cases} \alpha_i s_j, & \alpha_i s_j \leqslant x_i^N \\ x_i^N, & \alpha_i s_j > x_i^N \end{cases} \tag{6-6}$$

其中，参与者 i 的出标 α_i 为他对另一位参与者的每单位让步的相应让步，而两位参与者都会遵循一些双方都同意的让步规则。

①规则一，参与者 i 的出标 α_i 是较为吸引的，当以下的关系成立：

$$\frac{\alpha_i s_j}{x_i^N} \bigg/ \frac{s_j}{x_j^N} > \frac{\alpha_j s_i}{x_j^N} \bigg/ \frac{s_i}{x_i^N} \Leftrightarrow \frac{\alpha_i x_j^N}{x_i^N} > \frac{\alpha_j x_i^N}{x_j^N} \Leftrightarrow \alpha_i > \frac{\alpha_j (x_i^N)^2}{(x_j^N)^2} \tag{6-7}$$

而如果上式不等号（>）的方向相反，那么参与者 j 的出标 α_j 是较吸引的。此时，赢家的出标，相对于他在原本的纳什均衡中的决策变量和输家的相对让步，都有较高的让步比例，故此是较为吸引的。

②规则二,在第一阶段,双方同时出标,出标较吸引的一方成为谈判中的赢家。此时作为输家的一方必须接受赢家的出标,但输家可以根据赢家的出标,采用最优化自己的支付函数的让步量,而赢家则必须兑现他的出标,即根据输家的让步量和他的出标而做出让步。

③规则三,当 $\dfrac{\alpha_i x_j^N}{x_i^N} = \dfrac{\alpha_j x_i^N}{x_j^N}$ 时,如果对于参与者 $i \in \{1,2\}$ 有以下条件成立:

$$\{U_i^W(\alpha_i), U_j^L(\alpha_i)\} \geqslant \{U_i^L(\alpha_j), U_j^W(\alpha_j)\} \tag{6-8}$$

则参与者 i 便是赢家。如果上式不成立,则以随机方法决定谁为赢家。此时,如果参与者 i 作为赢家的支付不少于他作为输家的支付,同时参与者 j 作为输家的支付不少于他作为赢家的支付,那么参与者 i 便成为赢家,而参与者 j 则成为输家。由于这样的安排对双方都有利,故此双方都愿意参与者 i 成为谈判中的赢家。式(6-8)中,

$U_j^L(\alpha_i) = u_j[x_i^N - \alpha_i s_j(\alpha_i), x_j^N - s_j(\alpha_i)]$ 代表参与者 j 作为输家的支付函数,

$U_i^W(\alpha_i) = u_i[x_i^N - \alpha_i s_j(\alpha_i), x_j^N - s_j(\alpha_i)]$ 代表参与者 i 作为赢家的支付函数,

$U_i^L(\alpha_j) = u_i[x_i^N - s_i(\alpha_j), x_j^N - \alpha_j s_i(\alpha_j)]$ 代表参与者 i 作为输家的支付函数,

$U_j^W(\alpha_j) = u_j[x_i^N - s_i(\alpha_j), x_j^N - \alpha_j s_i(\alpha_j)]$ 代表参与者 j 作为赢家的支付函数,

$s_j(\alpha_i)$ 代表参与者 j 对于赢的出标 α_i 的最优对策,$i, j \in \{1,2\}, i \neq j$。

④规则四,如果参与者 i 的赢的出标 α_i 满足以下条件:

$$U_i^W(\alpha_i) < U_i^L\left[\alpha_i\left(\frac{x_j^N}{x_i^N}\right)\right] \tag{6-9}$$

那么,另一位参与者 j 便可以选择采用满足以下条件的出标 α_j^P,并取代参与者 i 成为赢家:

$$U_i^W\left[\alpha_j^P\left(\frac{x_j^N}{x_i^N}\right)^2\right] \leqslant U_i^L(\alpha_j^P) \tag{6-10}$$

根据规则四,在新的赢的出标 α_j^P 下,参与者 i 的支付并不会少于他原本作为赢家的支付。故此,参与者 j 采用新的赢的出标 α_j^P,并取代参与者 i 的赢家位置,是不会受到反对的。

6.2 动态博弈在证券市场的应用

6.2.1 证券市场中庄家与散户间的确定性微分博弈

本节基于确定性微分博弈理论,建立了一种庄家与散户间的连续时间博弈模型。首先将所有散户作为一个整体与庄家进行博弈,以博弈双方持股率的动态关系作为动态系统方程,并以此构建一个确定性微分博弈模型;然后运用开环纳什均衡和反馈纳什均衡分别求解出满足共态函数的常微分方程组和满足价值函数的 Issacs-Bellman 偏微分方程,以此得到庄家与散户博弈的开环纳什均衡策略和反馈纳什均衡策略。该结果可为金融监管部门监管证券市场,以及为证券市场投资者买卖股票提供参考。

在现实的博弈决策中,由于时间是不间断的,因此博弈的参与者必须时刻做出决策。研究表明,可应用确定性微分博弈来分析连续时间的决策行为。例如,Dominika 等(2020)针对竞争细分市场给出了一种新的商誉模型的开环均衡解存在的充分条件;Zhou 等(2021)将 Pontryagin 最大值原理作为最优性条件,研究了参与者不断更新的微分对策合作解;Puduru 等(2019)在事件树上给出了约束线性二次动态博弈的反馈和开环纳什均衡解;程粟粟等利用动态博弈的方法研究发现,在战略合作下博弈参与国捕获与封存的二氧化碳数量最多;Mathew 等(2018)根据广义纳什博弈理论,给出了在离散时间动态博弈(discrete time dynamic game,DTDG)中存在开环纳什均衡条件的一种新的求解方法。众所周知,在证券市场中庄家和散户的博弈对证券市场的走势具有重要的影响。但目前为止,将确定性微分博弈理论应用于庄家和散户之间的连续时间博弈问题的研究尚未见到。为此,本节运用动态博弈理论中的确定性微分博弈对专家和散户之间的博弈行为进行分析,得到了庄家和散户博弈的开环纳什均衡策略和反馈纳什均衡策略,以期对确定性微分博弈提供参考。

6.2.1.1 微分博弈的动态系统

(1)动态博弈理论

①假设在一个微分博弈中,每位参与者的目标函数为

$$\max_{\{u_i\}} \int_{t_0}^{T} g^i[t, x(t), u_1(t), u_2(t), \cdots, u_n(t)] \mathrm{d}t + \varphi^i[x(T)] \tag{6-11}$$

式中，n 为总人数；$g^i(\cdot) \geqslant 0$；$\varphi^i(\cdot) \geqslant 0$。

目标函数(6-11)的值取决于如下的确定性动态系统：

$$\dot{x}(t) = f[t, x(t), u_1(t), u_2(t), \cdots, u_n(t)], x(t_0) = x_0 \qquad (6\text{-}12)$$

式中，t（$t \in [t_0, T]$）代表博弈的一个时间点，$T - t_0$ 为博弈的持续期间（t_0 和 T 分别是博弈的开始时刻和结束时刻）；$x(t)[x(t) \subset R^m]$ 表示状态变量，其进展变化取决于动态系统(6-12)；$u_i(u_i \in U^i)$ 表示参与者 i 的控制，其为一条随着时间的变化而变化的策略路径。

由动态系统(6-12)可知，系统(6-12)的状态在时点 t 的变化 $\dot{x}(t)$ 取决于函数 $f[t, x(t), u_1(t), u_2(t), \cdots, u_n(t)]$，而该函数又取决于当前状态 $x(t)$、当前时刻 t 以及所有参与者在当前的控制 $[u_1(t), u_2(t), \cdots, u_n(t)]$。用 $g^i[t, x(t), u_1, u_2, \cdots, u_n]$ 表示的是每位参与者 i 的瞬时支付，即在每一时间点的支付；用 $\varphi^i(\cdot)$ 表示的是每位参与者 i 的终点支付。当 $i \in \mathbf{N}, t \in [t_0, T]$ 时，函数 $f[t, x, u_1, u_2, \cdots, u_n]$、$g^i[t, x(t), u_1, u_2, \cdots, u_n]$ 和 $\varphi^i(\cdot)$ 都是可微分函数。

②定义 $\eta^i(\cdot)$（$i \in \mathbf{N}$）是一个集合函数，表示为

$$\eta^i(s) = \{x(t), t_0 \leqslant t \leqslant \varepsilon_s^i\}, t_0 \leqslant \varepsilon_s^i \leqslant s \qquad (6\text{-}13)$$

式中，ε_s^i 对于 s 是非递减的；$\eta^i(\cdot)$ 表示的是参与者 i 的资讯结构。

对于任意的参与者 $i(i \in \mathbf{N})$，存在 Borel 集 $B(B \subset S_0)$，使得柱集 $\{x \in S_0, x(t) \in B\}$ 均可以在 S_0 内产生一个 sigma 域 N_s^i，其中 $0 \leqslant t \leqslant \varepsilon_s$，sigma 域 $N_s^i(s \geqslant t_0)$ 为参与者 i 的资讯领域。此外，在 $u_i(s) = v_i(s, x)$ 中，v_i 的映射为 $[t_0, T] \times S_0 \to U^i$，且该映射的预设类别 Γ^i 是可测量的。令 U^i 是参与者 i 的策略空间，且空间中的每个元素 v_i 都是参与者 i 的可允许策略。

③令 $v_{-i}^*(t) = \{v_1^*(t), v_2^*(t), \cdots, v_{i-1}^*(t), v_{i+1}^*(t), \cdots, v_n^*(t)\}$，其是由所有参与者（参与者 $i \in \mathbf{N}$ 除外）的最优策略所组成的。若不等式

$$\int_{t_0}^T g^i[t, x^*(t), v_i^*(t), v_{-i}^*(t)]dt + \varphi^i[x^*(T)] \geqslant$$

$$\int_{t_0}^T g^i[t, x^{[i]}(t), v_i(t), v_{-i}^*(t)]dt + \varphi^i[x^{[i]}(T)] \qquad (6\text{-}14)$$

对于所有的 $v_i(t) \in U^i(i \in \mathbf{N})$ 都成立，则策略集合 $\{v_1^*(t), v_2^*(t), \cdots, v_n^*(t)\}$ 是一个 n 人微分博弈的非合作纳什均衡解。当 $t \in [t_0, T]$ 时，有

$$\dot{x}^*(t) = f[t, x^*(t), v_1^*(t), v_2^*(t), \cdots, v_n^*(t)], x^*(t_0) = x_0$$

$$\dot{x}^{[i]}(t) = f[t, x^{[i]}(t), v_i(t), v_{-i}^*(t)], x^{[i]}(t_0) = x_0$$

式中,$\dot{x}^*(t)$ 和 $\dot{x}^{[i]}(t)$ 分别为博弈的均衡状态和参与者 i 独自偏离均衡时的博弈状态 ($i = 1, 2, \cdots, n$)。

在纳什均衡的情况下,当所有参与者(参与者 i 除外)都采用各自的最优策略时,如果参与者 i 独自偏离其最优策略,则博弈的状态变成 $x^{[i]}(t)$;如果参与者 i 选择的策略集合为 $\{v_1^*(t), v_2^*(t), \cdots, v_{i-1}^*(t), v_i(t), v_{i+1}^*(t), \cdots, v_n^*(t)\}$,则其支付会低于纳什均衡时其所获得的支付。因此,理性的参与者不会独自采取非最优策略。

(2)资讯结构的类型

①开环资讯结构。如果在博弈的开始时刻即可确定整个博弈过程的策略,则该资讯结构是开环的。开环资讯结构(open-loop information structure, OLIS)下每个参与者 i 的资讯结构为

$$\eta^i(s) = \{x_0\}, s \in [t_0, T]$$

参与者的策略是由当前时间点 s 和开始状态所决定的,即

$$\{u_i(s) = \psi_i(s, x_0), \forall i \in \mathbf{N}\}$$

由上述可知,开环资讯结构存在一旦选定策略就无法做出改变的局限。

②闭环完美状态。如果每个参与者的策略是由开始到当前的状态和时间确定的,则可将该资讯结构视为闭环完美状态(closed-loop perfect state, CLPS)。闭环完美状态下参与者在博弈的过程中所采用的策略为

$$\eta^i(s) = \{x(t), t_0 \leqslant t \leqslant s\}$$

现实中大部分的资讯结构都属于这类。

③无记忆完美状态。如果每位参与者的策略都是由开始状态、当前时间和当前状态所决定,则可将该资讯结构视为无记忆完美状态(moneyless perfect state, MPS)。无记忆完美状态下每个参与者 i 的资讯结构为

$$\eta^i(s) = \{x_0, x(s)\}, s \in [t_0, T]$$

此时参与者的策略是当前时间点 s、开始状态 x_0 和当前状态 $x(s)$ 的函数,即

$$\{u_i(s) = \psi_i[s, x(s), x_0], \forall i \in \mathbf{N}\}$$

在无记忆完美状态下,参与者的策略与过去的资讯(开始时刻除外)无关,只与开始时刻和当前的资讯有关。

6.2.1.2 证券市场的微分博弈

（1）庄家与散户间博弈的模型假设

①将股票市场中的散户投资者作为一个整体与庄家进行博弈，即博弈参与双方为庄家和散户。

②庄家和散户均为理性人，每个博弈参与者都能对自己和其他人的行为有正确的预期。庄家和散户在采取任何策略之前，都会考虑截至目前的历史股价走势，并预期自己的行为对随后决策者造成的影响。

③博弈的结构和完全理性对每个参与者而言都是常识，即博弈结构中的一方增持必然意味着另一方参与者的减持。

④庄家和散户间的博弈信息是不完全的和非对称性的。由于庄家能够密切了解上市公司的动态和宏观政策的变化，所以在预测股票价格的变动时，庄家通常比散户具有更及时、准确的信息。

（2）证券市场微分博弈的动态系统

由于庄家和散户都希望最大化一段时间内的投资回报，因此庄家和散户的目标函数可分别表述为

$$\int_0^T \left[q_1 x(t) - \frac{c_1}{2} u_1(t)^2 \right] \exp(-rt) dt + \exp(-rT) S_1 x(T) \tag{6-15}$$

$$\int_0^T \left\{ q_2 [1-x(t)] - \frac{c_2}{2} u_2(t)^2 \right\} \exp(-rt) dt + \exp(-rT) S_2 [1-x(T)] \tag{6-16}$$

式中，T 表示庄家在这只股票上的持股时间；状态 $x(t)$ 表示庄家在时间点 t 的持股率，即该股票在时间点 t 的庄家控盘系数；$1-x(t)$ 为散户投资者在时间点 t 的持股率；q_i 表示持股率对投资者 i 收益的短期边际影响，即股票瞬时收益率；c_i 是交易成本率；r 为贴现利率；S_i 是坐庄结束时持股率对股票收益的边际影响；$u_i(t)$ 为 t 期庄家或散户净买卖股票数量，$u_i(t) > 0$ 表示净买进数量，$u_i(t) < 0$ 表示净卖出数量；r、q_i、c_i 和 S_i 对 $i \in \{1,2\}$ 都是正常数。

在庄家的决策中，假设每个时间点的净买卖股票数量就是庄家的策略空间，由此庄家持股率的变化（博弈的动态系统）可表示为

$$\dot{x}(t) = u_1(t) [1-x(t)]^{\frac{1}{2}} - u_2(t) x(t)^{\frac{1}{2}}, x(0) = x_0 \tag{6-17}$$

将式（6-15）～（6-17）联立即可构成庄家与散户间的确定性微分博弈模型。庄家和散户根据当前时间和持股率决定最优策略。在每个时间点 t，如果一方的净买卖股票数量已经确定，则另一方在确定最优策略时，不仅需要考虑持股率的变化对自己在当前时刻的瞬时支付（收益）的影响，还要考虑持股率变化对将来收益的各种影响。

6.2.1.3 证券市场中庄家与散户间的确定性微分博弈

应用开环纳什均衡和反馈纳什均衡的方法即可求解上述确定性微分博弈模型。

(1)专家和散户的开环纳什均衡解

根据开环纳什均衡解法,对上述确定性微分博弈模型进行求解后可得如下定理。

①定理 1。在确定性微分博弈中,庄家和散户的开环纳什均衡策略为

$$u_1^*(t) = \frac{A_1(t)}{c_1}\left[1 - x^*(t)\right]^{\frac{1}{2}}$$

$$u_2^*(t) = -\frac{A_2(t)}{c_2}\left[x^*(t)\right]^{\frac{1}{2}} \tag{6-18}$$

式中,$A_1(t)$ 和 $A_2(t)$ 的值不仅取决于市场利率、交易成本、持股率对投资收益的短期和长期边际影响,而且还受到 $A_1(t)$ 和 $A_2(t)$ 的互动影响。

$A_1(t)$ 和 $A_2(t)$ 依赖如下的动态系统和边际条件:

$$\dot{A}_1(t) = rA_1(t) - q_1 + \frac{A_1(t)^2}{2c_1} - \frac{A_1(t)A_2(t)}{2c_2}$$

$$\dot{A}_2(t) = rA_2(t) + q_2 + \frac{A_1(t)A_2(t)}{2c_1} - \frac{A_2(t)^2}{2c_2} \tag{6-19}$$

$$A_1(T) = S_1, A_2(T) = -S_2$$

②证明。由于定理 1 的证明属于标准最优控制问题,因此可用 Pontryagin 的最大化原理来证明。根据开环纳什均衡解法可得

$$u_1^*(t) = \underset{u_1}{\mathrm{argmax}}\left(\left[q_1 x^*(t) - \frac{c_1}{2}u_1(t)^2\right]\exp(-rt) + \right.$$

$$\left. A_1(t)\left\{u_1(t)\left[1 - x^*(t)\right]^{\frac{1}{2}} - u_2^*(t)x^*(t)^{\frac{1}{2}}\right\}\right)$$

$$u_2^*(t) = \underset{u_2}{\mathrm{argmax}}\left(\left\{q_2\left[1 - x^*(t)\right] - \frac{c_2}{2}u_2(t)^2\right\}\exp(-rt) + \right.$$

$$\left. A_2(t)\left\{u_1^*(t)\left[1 - x^*(t)\right]^{\frac{1}{2}} - u_2^*(t)x^*(t)^{\frac{1}{2}}\right\}\right)$$

$$\dot{x}^*(t) = u_1^*(t)\left[1 - x^*(t)\right]^{\frac{1}{2}} - u_2^*(t)x^*(t)^{\frac{1}{2}}, x^*(0) = x_0$$

$$\dot{\Lambda}_1(t) = -q_1\exp(-rt) + \Lambda_1(t)\left\{\frac{1}{2}u_1^*(t)\left[1 - x^*(t)\right]^{-\frac{1}{2}} + \frac{1}{2}u_2^*(t)x^*(t)^{-\frac{1}{2}}\right\}$$

$$\dot{\Lambda}_2(t) = -q_2\exp(-rt) + \Lambda_2(t)\left\{\frac{1}{2}u_1^*(t)[1-x^*(t)]^{-\frac{1}{2}} + \frac{1}{2}u_2^*(t)x^*(t)^{-\frac{1}{2}}\right\}$$

$$\Lambda_1(T) = \exp(-rT)S_1,\ \Lambda_2(T) = -\exp(-rT)S_2 \qquad (6\text{-}20)$$

由式(6-20)可知,庄家和散户根据各自的持股率和交易成本,在保证理性的最优化收益的情况下,其在每个时间点净买卖的股票数量分别为

$$u_1^*(t) = \frac{\Lambda_1(t)\exp(rt)}{c_1}[1-x^*(t)]^{\frac{1}{2}}$$

$$(6\text{-}21)$$

$$u_2^*(t) = \frac{\Lambda_2(t)\exp(rt)}{c_2}[1-x^*(t)]^{\frac{1}{2}}$$

式中,共态函数 $\Lambda_1(t)$ 和 $\Lambda_2(t)$ 的值取决于庄家和散户各自的持股率对股票收益的短期和长期的边际影响,以及各自的交易成本、市场利率和双方共态函数间的互动;最优状态 $x^*(t)$ 取决于市场利率和双方的共态函数、交易成本、持股率。

将式(6-21)代入式(6-20)可得如下博弈动态系统[式(6-22)],以及 $\Lambda_1(t)$、$\Lambda_2(t)$ 所依赖的非线性常微分方程组[式(6-23)]:

$$\dot{x}^*(t) = \frac{\Lambda_1(t)\exp(rt)}{c_1}[1-x^*(t)] + \frac{\Lambda_2(t)\exp(rt)}{c_2}x^*(t),\ x^*(0) = x_0 \quad (6\text{-}22)$$

$$\dot{\Lambda}_1(t) = -q_1\exp(-rt) + \left[\frac{\Lambda_1(t)^2}{2c_1} - \frac{\Lambda_1(t)\Lambda_2(t)}{2c_2}\right]\exp(rt)$$

$$\dot{\Lambda}_2(t) = q_2\exp(-rt) + \left[\frac{\Lambda_1(t)\Lambda_2(t)}{2c_1} - \frac{\Lambda_2(t)^2}{2c_2}\right]\exp(rt)$$

$$\Lambda_1(T) = S_1\exp(-rT),\ \Lambda_2(T) = -S_2\exp(-rT) \qquad (6\text{-}23)$$

求解式(6-22)和式(6-23)所组成的微分方程组可得

$$\Lambda_1(t) = A_1(t)\exp(-rt),\ \Lambda_2(t) = A_2(t)\exp(-rt) \qquad (6\text{-}24)$$

将式(6-24)代入式(6-21)即可证得定理1。

由上述开环纳什均衡策略可以得到以下3个结论:

A.在最初开始时刻,最优状态与博弈的开始状态相同,而最优状态在当前的变化取决于当前的状态和时间以及专家和散户的最优策略。

B.如果专家和散户中的一方采用自己的最优策略,则另一方在选择最优策略时,除了要考虑自己在当前状态的瞬时支付,还要考虑自己在未来状态变化下所有支付的进展。

C.假设专家和散户都采用自己的最优策略,且他们的最优策略都只依赖于开始状态和当前时间,则利用专家和散户的共态函数就可以反映出最优状态给他们的未来支付所

带来的影响。

（2）专家和散户的反馈纳什均衡解

为了避免在推导纳什均衡时会碰到资讯非唯一性的问题，本节假设专家和散户的资讯结构为无记忆完美状态或闭环完美状态。根据反馈纳什均衡解法，对由式（6-15）～（6-17）联立所构成的确定性微分博弈模型进行求解可得如下定理。

①定理 2。在连续时间下，庄家和散户的确定性微分博弈中的反馈纳什均衡策略为

$$\phi_1^*(t,x) = \frac{A_1(t)}{c_1}(1-x)^{\frac{1}{2}}$$

$$\phi_2^*(t,x) = -\frac{A_2(t)}{c_2}(1-x)^{\frac{1}{2}}$$

（6-25）

②证明。根据 Bellman 的动态规划，微分博弈的反馈纳什均衡解应满足以下 Issacs-Bellman 偏微分方程组：

$$-V_{1t}(t,x) = \max_{u_1}\left\{\left(q_1 x - \frac{c_1}{2}u_1^2\right)\exp(-rt) + V_{1x}(t,x)\left[u_1(1-x)^{\frac{1}{2}} - \phi_2^*(t,x)x^{\frac{1}{2}}\right]\right\}$$

$$-V_{2t}(t,x) = \max_{u_1}\left\{\left(q_2 x - \frac{c_2}{2}u_2^2\right)\exp(-rt) + V_{2x}(t,x)\left[\phi_1^*(t,x)(1-x)^{\frac{1}{2}} - u_2 x^{\frac{1}{2}}\right]\right\}$$

$$\begin{cases} V_1(T,x) = \exp(-rT)S_1 x \\ V_2(T,x) = \exp(-rT)S_2(1-x) \end{cases}$$

（6-26）

式中，$V_i(t,x)$ 是参与者 i 的价值函数；$V_{it}(t,x)$、$V_{ix}(t,x)$ 分别是 $V_i(t,x)$ 对 t 和 x 的一阶偏导。

下面利用反馈纳什均衡解法求最优策略 $\phi_i^*(t,x)$ 及最优策略下的价值函数 $V_i(t,x)$（$i=1,2$），其方法为：首先求解出 Issacs-Bellman 偏微分方程[式（6-26）]的最优策略；然后将 $\phi_i^*(t,x)$ 代入 Issacs-Bellman 偏微分方程，去掉上确界符号后解关于 $V_i(t,x)$ 的偏微分方程；最后求解价值函数，并将所求解得到的价值函数代入 $\phi_i^*(t,x)$ 中，由此即可得到纳什均衡策略。具体过程如下：

A.求解式（6-26）中的最大值，由此可得到如下最优策略：

$$\begin{cases} \phi_1^*(t,x) = \frac{V_{1x}(t,x)}{c_1}(1-x)^{\frac{1}{2}}\exp(rt) \\ \phi_2^*(t,x) = \frac{V_{2x}(t,x)}{c_2}x^{\frac{1}{2}}\exp(rt) \end{cases}$$

（6-27）

B.将在式(6-27)中求得的 $\phi_1^*(t,x)$ 和 $\phi_2^*(t,x)$ 代入式(6-26)可得

$$-V_{1t}(t,x)=q_1x\exp(-rt)-\frac{V_{1x}^2(t,x)\exp(rt)}{2c_1}(1-x)+V_{1x}(t,x)\cdot$$

$$\exp(rt)\left[\frac{V_{1x}(t,x)(1-x)}{c_1}+\frac{V_{2x}(t,x)x}{c_2}\right]-V_{2t}(t,x)=q_2(1-x)\exp(-rt)-$$

$$\frac{V_{2x}^2(t,x)\exp(rt)}{2c_2}x+V_{2x}(t,x)\exp(rt)\left[\frac{V_{1x}(t,x)(1-x)}{c_1}+\frac{V_{2x}(t,x)x}{c_2}\right]$$

$$\begin{cases}V_1(T,x)=\exp(-rT)S_1x\\V_2(T,x)=\exp(-rT)S_2(1-x)\end{cases} \tag{6-28}$$

C.求解式(6-28),得到如下庄家和散户的价值函数:

$$\begin{cases}V_1(t,x)=\exp(-rt)[A_1(t)x+B_1(t)]\\V_2(t,x)=\exp(-rt)[A_2(t)(1-x)+B_2(t)]\end{cases} \tag{6-29}$$

式中, $A_1(t)$ 和 $A_2(t)$ 的值不仅取决于市场利率、交易成本、持股率对投资收益的短期和长期边际影响,而且还受 $A_1(t)$ 和 $A_2(t)$ 的互动影响; $B_1(t)$ 和 $B_2(t)$ 的值不仅取决于市场利率和交易成本,还取决于 $A_1(t)$ 和 $A_2(t)$ 的值。

$A_1(t)$、$A_2(t)$、$B_1(t)$ 和 $B_2(t)$ 依赖如下动态系统:

$$\begin{cases}\dot{A}_1(t)=rA_1(t)-q_1+\dfrac{A_1(t)^2}{2c_1}+\dfrac{A_1(t)A_2(t)}{c_2}\\[2mm]\dot{A}_2(t)=rA_2(t)-q_2+\dfrac{A_1(t)A_2(t)}{c_1}+\dfrac{A_2(t)^2}{2c_2}\\[2mm]\dot{B}_1(t)=rB_1(t)-\dfrac{A_1(t)^2}{2c_1}\\[2mm]\dot{B}_2(t)=r[A_2(t)+B_2(t)]-\dot{A}_2(t)-q_2+\dfrac{A_1(t)A_2(t)}{c_1}\end{cases} \tag{6-30}$$

$A_1(t)$、$A_2(t)$、$B_1(t)$ 和 $B_2(t)$ 的边际条件为

$$\begin{cases}A_1(T)=S_1\\B_1(T)=0\\A_2(T)=S_2\\B_2(T)=0\end{cases} \tag{6-31}$$

式(6-29)中的价值函数 $V_1(t,x)$ 和 $V_2(t,X)$ 分别对 x 求偏导数,将所得结果代入式(6-27)即可求得庄家和散户的反馈纳什均衡策略。

由上述反馈纳什均衡策略可知,庄家和散户根据当前状态和时间选定最优策略时,专家和散户的价值函数将随着时间的改变而改变,其中价值函数在每一瞬间的改变量相当于状态的最优变化为价值函数所带来的转变与它的瞬时支付之和。另外,庄家和散户在最后时间点 T 时的支付(收益)即等于其在博弈的终点支付。

本节利用动态博弈的方法和多种资讯结构类型,建立了一种庄家与散户在证券市场中的确定性微分博弈模型,并分别运用开环纳什均衡和反馈纳什均衡的方法求解出了博弈双方较为完美的开环纳什均衡策略和反馈纳什均衡策略。本节研究结果可以为金融监管部门监管证券市场,以及证券市场投资者买卖股票提供参考。本节在研究过程中未能考虑到随机因素对博弈模型的影响,因此在今后的研究中我们将利用随机微分方程理论描述国内外机构投资者和散户群体所参与的博弈,进一步提高此模型的适用性。

6.2.2 证券市场中国内外机构投资者共同参与的随机微分博弈

本节基于随机微分博弈理论,建立了一种国内外机构投资者和散户群体参与的连续时间博弈模型。首先将所有散户作为一个整体与国内外机构投资者共同进行博弈,以博弈各方持股率的动态关系成立动态系统方程,并以此构建一个随机微分博弈模型;然后运用纳什均衡求解出满足价值函数的 Hamilton-Jacobi-Bellman(HJB)偏微分方程,以此得到随机控制系统的最优策略。该结果可为金融监管部门监管证券市场,以及为证券市场投资者买卖股票提供参考。

证券市场中庄家和散户的博弈对股票市场的总体发展态势有着重要的影响。在现实证券投资决策中,由于时间是连续的,因此需要投资者时刻做出决定。投资者这种时间连续的决策可利用随机微分博弈理论对其进行研究。例如,李钧瑶(2021)研究了具有状态切换的两人零和随机微分对策的动态规划原理。Fonseca-Morales 等(2019)根据随机最大值原理给出了一个将非合作随机微分对策(stochastic differential game,SDG)变为潜在博弈的充分条件。杨璐等(2018)研究了带泊松跳的线性 Markov 切换系统的随机微分博弈问题,并讨论了投资者在金融市场中的最优投资组合问题。杨鹏(2018)研究了在交易费用和负债情形下的投资者与市场之间的随机微分博弈问题,以及在 Vasicek 随机利率下的 DC 型养老金的随机微分博弈。潘素娟等(2021)基于确定性微分博弈理论建立了一种庄家与散户间的连续时间博弈模型。但在已有的文献中,尚未见到将随机微分博弈理论应用于证券市场中的连续时间博弈问题的研究中。当前,我国已经允许国外合格的机构投资者进入我国证券市场进行投资。由于这些外国机构投资者具有强大的资本和信息等优势,因此外国机构投资者的加入必然会对国内证券市场产生较大的影响。而无论是国外机构投资者还是国内机构投资者,其投资目的都是在一段时间内获取收益最大化。为此,本节将国内外机构投资者作为两个机构投资者(以下称为庄家),运用动态博弈理论中的随机微分博弈对两个机构投资者和散户群体所参与的博弈行为进行分析,并由此得到各庄家和散户博弈的纳什均衡策略,以期对金融市场的随机微分博弈提供参考。

6.2.2.1　证券市场模型假设

将股票市场中的散户投资者作为一个整体参与市场博弈。庄家和散户间的博弈信息是不对称的,即庄家比散户能够更及时、准确地掌握有关政策和市场信息。

庄家和散户均为理性人,每个博弈参与者都能对自己和其他人的行为有正确的预期。庄家和散户在采取任何策略之前,都会考虑截至目前的历史股价走势,同时也会预期自己的投资行为对随后决策者造成的影响。

使用一个包含 Wiener 过程的随机微分方程描述股价。假设市场周期为无限(因为投资者希望有一个长期的盈利目标),投资者由两个庄家(国外机构投资者和国内机构投资者)和散户组成。在实际交易中,两个庄家根据他们对股票价格的估计和股价的均值回归现象对股票价格进行均值修正,而散户则是作为庄家交易的对手盘参与交易。

6.2.2.2　微分博弈的随机控制系统

①用 S_t 表示 t 时的股票价格,并令 $X_t = \ln S_t$,则 X_t 可表示 t 时的股票收益率。X_t 包含收益率的漂移项和波动项。每个投资者(两个庄家和散户)都拥有一部分基准价值的股票。令 u_i 表示投资者 i 对股票价格的预期收益水平,则在 t 时刻投资者 i 对股价水平的预期偏差为 $(u_i - X_t)$,此差值越大表示庄家对股票的需求越高。

②股票的价格由市场供求决定。记庄家1(Banker 1)对股票的需求为 B_{1t},庄家2(Banker 2)对股票的需求为 B_{2t}。 假设需求过程满足以下随机微分方程:

$$dB_{1t} = [u_1(t) - X_t]dt + \sigma_1 dZ_t \tag{6-32}$$

$$dB_{2t} = [u_2(t) - X_t]dt + \sigma_2 dZ_t \tag{6-33}$$

式中,Z_t 是一维标准布朗运动;σ_1 和 σ_2 为正常数。

由于散户获取信息的能力相对较弱,因此在已知信息集的前提下,本节假设散户对股票的预期收益水平是市场平均水平,记为 u。散户总体需求过程 F_t 可用如下随机微分方程表示:

$$dF_t = \alpha(u - X_t)dZ_t \tag{6-34}$$

式中,α、u 是常数。

③股票的供应过程 G_t 由长期自主增长因素和短期金融市场表现因素决定,因此 G_t 可用如下随机微分方程表示:

$$\mathrm{d}G_t = v\mathrm{d}t + \beta\mathrm{d}X_t \tag{6-35}$$

式中,β、v 是常数;G_t 取负值时表示 t 时刻股票供应过程中存在积压。

④假设动态的市场出清(即市场结算)过程为

$$\mathrm{d}B_{1t} + \mathrm{d}B_{2t} + \mathrm{d}F_t = \mathrm{d}G_t \tag{6-36}$$

则由式(6-32)~(6-36)可得

$$[u_1(t) + u_2(t) - 2X_t]\mathrm{d}t + (\sigma_1 + \sigma_2 + \alpha u - \alpha X_t)\mathrm{d}Z = v\mathrm{d}t + \beta\mathrm{d}X_t \tag{6-37}$$

由式(6-37)进一步可得

$$\mathrm{d}X_t = \frac{1}{\beta}[u_1(t) + u_2(t) - v - 2X_t]\mathrm{d}t + \frac{1}{\beta}(\sigma_1 + \sigma_2 + \alpha u - \alpha X_t)\mathrm{d}Z_t \tag{6-38}$$

式(6-38)即是随机微分博弈的线性受控方程。过程 $u_1(\cdot)$ 和 $u_2(\cdot)$ 分别是庄家 1 和庄家 2 的控制策略。若庄家 i 的策略 $u_i(t) = \bar{u}_i(t, X_t)$ 是一个可测的映射 $\bar{u}$,则该策略为马尔可夫策略。

⑤用 r_i 表示投资者 i 的瞬时(或流动)支付,它表示当状态为 x,投资者选择的行动策略为 u_1、u_2 时,投资者 i 得到的瞬时支付为 $r_i(x, u_1, u_2, u)$,其中 u 是其余散户群体采取的行动策略。假设投资者在追求目标效用最大化过程中,更关注资产价值(x)和总体市场信息(u),则 u_i 的变化主要由 u 以及 x 和股票价格的对数 x 决定,而与 u_j 无关,其中 $j \neq i$,且 $i, j = 1, 2$。因此,瞬时支付 r_i 可以表示为

$$r_i(x, u_1, u_2, u) = r_i(u_i - x, u - x) \tag{6-39}$$

为了便于得到博弈问题的显示解,假设支付函数为

$$r_i(u_i - s, u - s) = p_i(u_i - s) + (1 - p_i)(u - s) - \gamma[p_i(u_i - s) + (1 - p_i)(u - s)]^2 \tag{6-40}$$

式中,参数 $p_i (i = 1, 2)$ 是外生固定的;$1 - p_i$ 表示第 i 个投资者市场信息价值的权重;$p_i(u_i - s) + (1 - p_i)(u - s)$ 表示投资者 i 的加权边际报酬。

此处假设支付函数[式(6-40)]是加权边际报酬的简单二次函数。

⑥财富评估利用瞬时支付在一段无限市场周期 $(0, \infty)$ 中的贴现表示。令 $\lambda (\lambda > 0)$ 为贴现因子。如果投资者选择策略 u_1、u_2,则庄家 1 的目标函数(即总计贴现支付)为

$$J_1(x, u_1, u_2) = E\left\{\int_0^\infty \exp(-\lambda t) r_1[u_1(X_t) - X_t, u - X_t]\mathrm{d}t \,\Big|\, X_0 = x\right\}$$

$$= E\left(\int_0^\infty \exp(-\lambda t)\{p_1(u_1 - X_t) + (1 - p_1)(u - X_t) - \right.$$

$$\gamma\big[p_1(u_1-X_i)+(1-p_1)(u-X_i)\big]^2\big\}\mathrm{d}t\,\Big|\,X_0=x\Big) \tag{6-41}$$

同理,庄家 2 的目标函数(即总计贴现支付)为

$$J_2(x,u_1,u_2)=E\Big\{\int_0^\infty \exp(-\lambda t)r_2\big[u_2(X_t)-X_t,u-X_t\big]\mathrm{d}t\,\Big|\,X_0=x\Big\}$$

$$=E\Big(\int_0^\infty \exp(-\lambda t)\big\{p_2(u_2-X_t)+(1-p_2)(u-X_t)-$$

$$\gamma\big[p_2(u_2-X_t)+(1-p_2)(u-X_t)\big]^2\big\}\mathrm{d}t\,\Big|\,X_0=x\Big) \tag{6-42}$$

将式(6-38)、式(6-41)、式(6-42)联立即得庄家与散户博弈的随机控制系统。

6.2.2.3　证券市场中国内外机构投资者共同参与的随机微分博弈

由于庄家 1 和庄家 2 均希望通过控制其策略函数 $u_1(\cdot)$ 和 $u_2(\cdot)$ 来最大化地实现其目标函数 $J_1(x,u_1,u_2)$ 和 $J_2(x,u_1,u_2)$,因此在初始条件 x 下,若 $J_1(x,u_1^*,u_2^*)\geqslant J_1(x,u_1,u_2)$,$J_2(x,u_1^*,u_2^*)\geqslant J_2(x,u_1,u_2)$,则对决策者的任何策略 u_1、u_2 都成立,此时,策略组 u_1^*、u_2^* 可称为纳什均衡策略。

为利用 HJB 偏微分方程建立两个庄家的纳什均衡策略,本节引入两个关于 x、ξ_1、ξ_2、u_1、u_2 的 Hamiltonian 函数:

$$H_1(x,\xi_1,u_1,u_2)=\frac{\xi_1}{\beta}(u_1+u_2-v-2x)+\exp(-\lambda t)r_1(u_1-x,u-x) \tag{6-43}$$

式中,u、v 是已知的。

将式(6-40)代入式(6-43)可得如下 Hamiltonian 函数:

$$H_1(x,\xi_1,u_1,u_2)=\frac{\xi_1}{\beta}(u_1+u_2-v-2x)+\exp(-\lambda t)\big\{p_1(u_1-x)+$$

$$(1-p_1)(u-x)-\gamma\big[p_1(u_1-x)+(1-p_1)(u-x)\big]^2\big\} \tag{6-44}$$

同理可得

$$H_2(x,\xi_2,u_1,u_2)=\frac{\xi_2}{\beta}(u_1+u_2-v-2x)+\exp(-\lambda t)\big\{p_2(u_2-x)+$$

$$(1-p_2)(u-x)-\gamma\big[p_2(u_2-x)+(1-p_2)(u-x)\big]^2\big\} \tag{6-45}$$

假设 (u_1^*,u_2^*) 是贴现支付的一组纳什均衡策略,并令 $V_1(x)=J_1(x,u_1^*,u_2^*)$,

$V_2(x) = J_2(x, u_1^*, u_2^*)$。若 V_1、V_2 足够光滑，则 V_1 和 V_2 是 HJB 偏微分方程的值函数，且 Hamiltonian 函数 $H_i(x, \xi_i, u_1, u_2)$ 中的拉格朗日函数值 ξ_i 为 $\xi_i = \dfrac{\partial V_i}{\partial x}$。值函数 V_1 和 V_2 对应的 HJB 偏微分方程分别为

$$\lambda V_1(x) - \frac{1}{2\beta^2}(\sigma_1 + \sigma_2 + \alpha u - \alpha x)^2 \frac{\partial^2 V_1}{\partial x^2}$$

$$= \sup_{u_1} H_1\left(x, \frac{\partial V_1}{\partial x}, u_1, u_2^*\right) = H_1\left(x, \frac{\partial V_1}{\partial x}, u_1^*, u_2^*\right) \tag{6-46}$$

$$\lambda V_2(x) - \frac{1}{2\beta^2}(\sigma_1 + \sigma_2 + \alpha u - \alpha x)^2 \frac{\partial^2 V_2}{\partial x^2}$$

$$= \sup_{u_2} H_2\left(x, \frac{\partial V_2}{\partial x}, u_1^*, u_2\right) = H_2\left(x, \frac{\partial V_2}{\partial x}, u_1^*, u_2^*\right) \tag{6-47}$$

将 Hamiltonian 函数 $H_i(x, \xi_i, u_1, u_2)$ 代入式(6-46)和式(6-47)并整理可得 HJB 偏微分方程的通式：

$$0 = \frac{1}{2\beta^2}(\sigma_1 + \sigma_2 + \alpha u - \alpha x)^2 \frac{\partial^2 V_i}{\partial x^2} + \left[\frac{1}{\beta}(u_1^* + u_2^* - v - 2x)\right]\frac{\partial V_i}{\partial x} +$$

$$\exp(-\lambda t) r_i(u_i^* - x, u - x) - \lambda V_i \tag{6-48}$$

由于最优策略 u_1^*、u_2^* 满足条件：

$$u_1^* \in \operatorname*{argmax}_{u_1} H_1\left(x, \frac{\partial V_1}{\partial x}, u_1, u_2^*\right)$$

$$u_2^* \in \operatorname*{argmax}_{u_2} H_2\left(x, \frac{\partial V_2}{\partial x}, u_1^*, u_2\right)$$

因此可知最优策略 u_i^* 是 Hamiltonian 函数取极值时得到的 u_i。于是对 H_i 求关于 u_i 的偏导数可得 $\dfrac{\partial H_i}{\partial u_i} = \dfrac{\xi_i}{\beta} + \exp(-\lambda t)\{p_i - 2\gamma[p_i(u_i - x) + (1 - p_i)(u - x)]p_i\}$，再令该偏导数等于零 $\left(\dfrac{\partial H_i}{\partial u_i} = 0\right)$ 即可求得 Hamiltonian 函数 $H_i(x, \xi_i, u_1, u_2)$ 的极值点（即最优策略）：

$$u_1^* = u_i^*(x) = x + \frac{1}{p_i}\left[\frac{\xi_i \exp(\lambda t) + \beta p_i}{2\beta\gamma p_i} - (1 - p_i)(u - x)\right] \tag{6-49}$$

式中，$\xi_i = \dfrac{\partial V_i}{\partial x}$。

将 u_i^* 代入式(6-48)可得 HJB 偏微分方程的具体形式:

$$0 = \frac{1}{2\beta^2}(\sigma_1 + \sigma_2 + \alpha u - \alpha x)^2 \frac{\partial^2 V_i}{\partial x^2} + \left[\frac{1}{\beta}(u_1^* + u_2^* - v - 2x)\right]\frac{\partial V_i}{\partial x} +$$

$$\exp(-\lambda t)\left\{p_i(u_i^* - x) + (1 - p_i)(u - x) - \gamma[p_i(u_i^* - x) + (1 - p_i)(u - x)]^2\right\} - \lambda V_i$$

$$= \frac{1}{2\beta^2}(\sigma_1 + \sigma_2 + \alpha u - \alpha x)^2 \frac{\partial^2 V_i}{\partial x^2} + \frac{1}{\beta}\left\{\frac{1}{p_1}\left[\frac{1}{2\beta\gamma p_1}\left(\frac{\partial V_1}{\partial x}\exp(\lambda t) + \beta p_1\right) - \right.\right.$$

$$\left.(1 - p_1)(u - x)\right] + \frac{1}{p_2}\left[\frac{1}{2\beta\gamma p_2}\left(\frac{\partial V_2}{\partial x}\exp(\lambda t) + \beta p_2\right) - (1 - p_2)(u - x)\right] - v\right\} \cdot$$

$$\frac{\partial V_i}{\partial x} + \exp(-\lambda t)\left\{\frac{1}{2\beta\gamma p_i}\left(\frac{\partial V_i}{\partial x}\exp(\lambda t) + \beta p_i\right) - \gamma\left[\frac{1}{2\beta\gamma p_i}\left(\frac{\partial V_i}{\partial x}\exp(\lambda t) + \beta p_i\right)\right]^2\right\} -$$

$$\lambda V_i \tag{6-50}$$

式中,$i = 1, 2$。

　　由于支付函数是二次的,并且随机微分方程的漂移和扩散系数是线性的,因此本节利用假设的如下形式的解来寻找式(6-50)二次的解 V_i:

$$V_i(x) = a_i x^2 + b_i x + c_i \tag{6-51}$$

式中,$i = 1, 2$。

　　分别对式(6-51)求一阶偏导和二阶偏导得 $\dfrac{\partial V_i}{\partial x} = 2a_i x + b_i$ 和 $\dfrac{\partial^2 V_i}{\partial x^2} = 2a_i$,再将这两个偏导数代入 HJB 偏微分方程式(6-50)得

$$0 = \frac{1}{2\beta^2}(\sigma_1 + \sigma_2 + \alpha u - \alpha x)^2 2a_i + \frac{2a_i x + b_i}{\beta}\left\{\frac{1}{p_1}\left[\frac{(2a_i x + b_1)\exp(\lambda t) + \beta p_1}{2\beta\gamma p_1} - \right.\right.$$

$$\left.(1 - p_1)(u - x)\right] + \frac{1}{p_2}\left[\frac{(2a_2 x + b_2)\exp(\lambda t) + \beta p_2}{2\beta\gamma p_2} - (1 - p_2)(u - x)\right] - v\right\} +$$

$$\exp(-\lambda t)\left\{\frac{(2a_i x + b_i)\exp(\lambda t) + \beta p_i}{2\beta\gamma p_i} - \gamma\left[\frac{(2a_i x + b_i)\exp(\lambda t) + \beta p_i}{2\beta\gamma p_i}\right]^2\right\} - \lambda V_i$$

$$\tag{6-52}$$

式中,$i = 1, 2$。

HJB 偏微分方程式(6-52)是关于 x 的方程。由于此方程对任何 x 都恒成立,因此可令 x^j 的系数等于零,其中 $j=0,1,2$。由此可得 x^0、x、x^2 的系数分别为

$$0=\frac{a_i}{\beta^2}(\sigma_1+\sigma_2+\alpha u)^2+\frac{b_i}{\beta}\left\{\frac{1}{p_1}\left[\frac{b_1\exp(\lambda t)+\beta p_1}{2\beta\gamma p_1}-(1-p_1)u\right]+\right.$$

$$\left.\frac{1}{p_2}\left[\frac{b_2\exp(\lambda t)+\beta p_2}{2\beta\gamma p_2}-(1-p_2)u\right]-v\right\}+\frac{\exp(-\lambda t)}{4\gamma}-\frac{b_i^2\exp(\lambda t)}{4\beta^2\gamma p_i^2}-\lambda c_i \quad (6\text{-}53)$$

$$0=\frac{-2\alpha a_i}{\beta^2}(\sigma_1+\sigma_2+\alpha u)+\frac{2a_i}{\beta}\left\{\frac{1}{p_1}\left[\frac{b_1\exp(\lambda t)+\beta p_1}{2\beta\gamma p_1}-(1-p_1)u\right]+\right.$$

$$\frac{1}{p_2}\left[\frac{b_2\exp(\lambda t)+\beta p_2}{2\beta\gamma p_2}-(1-p_2)u\right]-v\right\}+\frac{b_i}{\beta}\left\{\frac{1}{p_1}\left[\frac{a_1\exp(\lambda t)}{\beta\gamma p_1}+(1-p_1)\right]+\right.$$

$$\left.\frac{1}{p_2}\left[\frac{a_2\exp(\lambda t)}{\beta\gamma p_2}-(1-p_2)\right]\right\}-\frac{a_ib_i\exp(\lambda t)}{\beta^2\gamma p_i^2}-\lambda b_i \quad (6\text{-}54)$$

$$0=\frac{\alpha^2 a_i}{\beta^2}+\frac{2a_i}{\beta}\left\{\frac{1}{p_1}\left[\frac{a_1\exp(\lambda t)}{\beta\gamma p_1}+(1-p_1)\right]+\frac{1}{p_2}\left[\frac{a_2\exp(\lambda t)}{\beta\gamma p_2}+(1-p_2)\right]\right\}-$$

$$\frac{a_i^2\exp(\lambda t)}{\beta^2\gamma p_i^2}-\lambda a_i \quad (6\text{-}55)$$

令式(6-55)中的 $i=1,2$,则可得到关于 a_1、a_2 的一组方程组,求解该方程组即可得 a_1、a_2 的值:

$$a_1=\frac{\exp(-\lambda t)}{3}\left[\lambda\beta^2\gamma p_1^2-\alpha^2\gamma p_1^2-2\beta\gamma p_1(1-p_1)-\frac{2\beta\gamma p_1^2(1-p_2)}{p_2}\right] \quad (6\text{-}56)$$

$$a_2=\frac{\exp(-\lambda t)}{3}\left[\lambda\beta^2\gamma p_2^2-\alpha^2\gamma p_2^2-2\beta\gamma p_2(1-p_2)-\frac{2\beta\gamma p_2^2(1-p_1)}{p_1}\right] \quad (6\text{-}57)$$

将式(6-56)、式(6-57)代入式(6-54)可得方程组:

$$b_1[(a_1p_2^2+a_2p_1^2)\exp(\lambda t)+\beta\gamma p_1p_2(p_1+p_2-2p_1p_2)-\lambda\beta^2\gamma p_1^2p_2^2]+b_2[a_1p_1^2\exp(\lambda t)]$$

$$=-2\alpha a_1\gamma p_1^2p_2^2(\sigma_1+\sigma_2+\alpha u)+a_1\beta p_1p_2(p_1+p_2)-2a_1u\beta\gamma p_1p_2(p_1+p_2-2p_1p_2)-$$

$$2a_1v\beta\gamma p_1^2p_2^2 \quad (6\text{-}58)$$

$$b_1[a_2p_2^2\exp(\lambda t)]+b_2[(a_1p_2^2+a_2p_1^2)\exp(\lambda t)+\beta\gamma p_1p_2(p_1+p_2-2p_1p_2)-\lambda\beta^2\gamma p_1^2p_2^2]$$

$$=-2\alpha a_2\gamma p_1^2 p_2^2(\sigma_1+\sigma_2+\alpha u)+a_2\beta p_1 p_2(p_1+p_2)-2a_2 u\beta\gamma p_1 p_2(p_1+p_2-2p_1 p_2)-$$

$$2a_2 v\beta\gamma p_1^2 p_2^2 \tag{6-59}$$

为了简化 b_i 的表达式,令

$$\begin{cases} M_1=(a_1 p_2^2+a_2 p_1^2)\exp(\lambda t)+\beta\gamma p_1 p_2(p_1+p_2-2p_1 p_2)-\lambda\beta^2\gamma p_1^2 p_2^2 \\ N_1=a_1 p_1^2\exp(\lambda t) \\ Q_1=-2\alpha a_1\gamma p_1^2 p_2^2(\sigma_1+\sigma_2+\alpha u)+a_1\beta p_1 p_2(p_1+p_2)-2a_1 u\beta\gamma p_1 p_2(p_1+p_2- \\ \qquad 2p_1 p_2)-2a_1 v\beta\gamma p_1^2 p_2^2 \\ M_2=a_2 p_2^2\exp(\lambda t) \\ N_2=(a_1 p_2^2+a_2 p_1^2)\exp(\lambda t)+\beta\gamma p_1 p_2(p_1+p_2-2p_1 p_2)-\lambda\beta^2\gamma p_1^2 p_2^2 \\ Q_2=-2\alpha a_2\gamma p_1^2 p_2^2(\sigma_1+\sigma_2+\alpha u)+a_2\beta p_1 p_2(p_1+p_2)-2a_2 u\beta\gamma p_1 p_2(p_1+p_2- \\ \qquad 2p_1 p_2)-2a_2 v\beta\gamma p_1^2 p_2^2 \end{cases} \tag{6-60}$$

由此解得的 b_i 值为

$$\begin{cases} b_1=\dfrac{N_2 Q_1-N_1 Q_2}{M_1 N_2-M_2 N_1} \\ b_2=\dfrac{M_1 Q_2-M_2 Q_1}{M_1 N_2-M_2 N_1} \end{cases} \tag{6-61}$$

同理,将 a_i、b_i($i=1,2$)代入式(6-53)可得 c_i 的值:

$$c_i=\frac{1}{\lambda}\left[\frac{a_i}{\beta^2}(\sigma_1+\sigma_2+\alpha u)^2+\frac{b_i}{\beta}\left\{\frac{1}{p_1}\left[\frac{b_1\exp(\lambda t)+\beta p_1}{2\beta\gamma p_1}-(1-p_1)u\right]+\right.\right.$$

$$\left.\left.\frac{1}{p_2}\left[\frac{b_2\exp(\lambda t)+\beta p_2}{2\beta\gamma p_2}-(1-p_2)u\right]-v\right\}+\frac{\exp(-\lambda t)}{4\gamma}-\frac{b_i^2\exp(\lambda t)}{4\beta^2\gamma p_i^2}\right] \tag{6-62}$$

由系数 a_i、b_i、c_i 的解即可得值函数 $V_i(t,x)$。将 $V_i(t,x)$ 对 x 的一阶偏导代入式 (6-49)即可得随机控制系统的纳什均衡策略:

$$u_i^*=u_i^*(x)=x+\frac{1}{p}\left[\frac{(2a_i x+b_i)\exp(\lambda t)+\beta p_i}{2\beta\gamma p_i}-(1-p_i)(u-x)\right] \tag{6-63}$$

如果令 $b_i=0$,则有

$$c_i = \frac{1}{\lambda} \left\{ \frac{a_i}{\beta^2} (\sigma_1 + \sigma_2 + \alpha u)^2 + \frac{\exp(-\lambda t)}{4\gamma} \right\} \tag{6-64}$$

再由式(6-54)可得

$$(\sigma_1 + \sigma_2 + \alpha u)\alpha = \beta \left[\frac{1}{2\gamma p_1} + \frac{1}{2\gamma p_2} - \frac{(1-p_1)u}{p_1} - \frac{(1-p_2)u}{p_2} - v \right] \tag{6-65}$$

由此可以得到值函数均衡解存在的一个必要条件:

$$V_i(t,x) = a_i x^2 + c_i, (i = 1, 2)$$

式中,a_i、c_i 由式(6-64)和式(6-65)给出。

综上,本节通过构建随机微分博弈模型研究了两个庄家(国外机构投资者和国内机构投资者)与散户群体共同参与的市场博弈,并运用反馈纳什均衡解法和 HJB 偏微分方程求解随机控制系统的最优策略。该结果可为金融监管部门监管证券市场,以及证券市场投资者买卖股票提供参考,同时该方法可被推广并应用于多个庄家和散户的博弈中。

6.3 动态博弈在中美贸易的应用

本节基于冲突解拆的动态博弈方法,将让步博弈的思想纳入两国双边关税的理论模型。在中美贸易摩擦背景下,建立起双边关税的市场模型,利用回归分析对模型参数进行估计,并从多方面对模型的有效性进行验证。同时,在构建让步规则的前提下,对中美经贸双边关税问题进行动态博弈分析,分别求取两国作为赢家和输家的支付函数,并根据让步博弈的解法,找出不少于最大输赢同酬出标的最优出标,计算出优于纳什均衡的让步均衡下两国的支付函数。最后通过实证分析,研究在纳什均衡和让步均衡下关税现状对两国支付的影响,从而论证让步均衡的双赢结果。

6.3.1 中美贸易关系国内外研究现状

关税与国际贸易关系问题一直是国际经济学领域研究的热点,具有重要的理论和现实意义。在全球化的今天,经济的纽带把整个世界捆绑在一起。当前,中美两国都处于新的历史发展阶段,中美经贸关系如何走向新平衡是摆在两国面前的重大且关键性的议题。作为全球最重要的经济关系,深入挖掘中美结构性合作潜力,对当今以及未来全球经济稳定都具有十分重要的意义。

中美贸易关系一直是国内外学者关注的焦点问题。但目前的研究大多是从政治经济学的视角进行分析,或者是对中美贸易的某一方面进行考察。比较有代表性的比如潘昌蔚等(2022)采用双重差分法考察中国对美关税制裁对进口贸易边际的影响,得出了中国对美关税制裁能显著提高进口广度和进口价格的结论。王旭阳(2018)研究认为鉴于中美之间投资与贸易的相互依赖与深度互动,中美之间的贸易等问题还需要通过两国政府磋商协调等方法来解决。陈伟光等(2019)研究表明中美双方在全球经济领域互动的竞争性和针对性会进一步增强,中国需要同美国在相互协调中争取更大的制度性权力空间。NATHAN(2016)研究发现中美两国在许多全球问题上的利益一致,探讨了如何进行"合作螺旋"等问题。宋国友(2016)从维护双方长期根本利益以及构建新型大国关系出发,建议中美两国政府要保持双边经贸关系稳步发展。马永健等(2020)运用贸易引力模型分析中美经贸摩擦的潜在经济效应,以及中国应对中美经贸摩擦的不同策略的经济影响和有效性。上述研究从政治经济学的视角或从引力模型的角度对中美贸易关系进行了分析,得出了许多有用的结论。

针对中美贸易问题的博弈分析,国内外学者已有一定的研究,但多是从静态博弈进行分析,或者是对动态博弈的纳什均衡进行讨论。屈有明等(2020)建立了中美两国之间的多阶段动态博弈模型,分析了中国在不同风险偏好下的应对策略。邝艳湘(2010)基于中美两国经贸关系的现状,构建了多阶段动态博弈模型,并对中美两国经济相互依赖对两国之间贸易摩擦的内在机理造成的影响进行分析。孟亮、梁莹莹(2018)根据中美经贸关系的实际情况,从动态的角度出发,分别构建了中美基于对抗竞争条件下和合作竞争条件下的多阶段动态博弈模型,并通过博弈论的思想对中美贸易争端进行分析。而利用动态博弈中的让步均衡对中美经贸双边关税问题进行分析的研究目前尚不多见,深入探讨的则更少。

本节利用让步博弈针对新形势下中美经贸双边关税问题进行分析。让步博弈是一种建立在非合作模式基础上的谈判博弈,不同于纳什的谈判问题,让步博弈不需要具约束力的协议,但能够通过非合作的模式促成各方的"合作"。本节所讨论的让步博弈涉及两位参与者和两个阶段,是动态博弈的一种。让步博弈经常用于支付不可转移的情况,在企业与企业之间、国家与国家之间,以及人与人之间的谈判问题上都甚为有用。

相较于现有研究,本节的边际贡献体现在以下两个方面:一是根据历史数据利用回归分析对市场模型参数进行估计,建立中美贸易双边关税的市场模型,并从多方面对模型的有效性进行验证,同时对其经济学意义进行分析。二是在构建让步规则的前提下,对中美经贸双边关税问题进行动态博弈分析,分别求取两国作为赢家和输家的支付函数,并根据让步博弈的解法,计算出优于纳什均衡的让步均衡下的两国支付函数。同时通过实证分析,分别对比在纳什均衡和让步均衡下关税现状对两国支付的影响,从而论证让步均衡的双赢结果。

6.3.2　研究假设与理论分析

6.3.2.1　模型假设

让步博弈是促使参与者做出让步的博弈,每个让步博弈都是建立在一个非合作的静态博弈基础上,用 $i,j \in \{1,2\}, i \neq j$ 分别代表这个博弈中两位不同的参与者。我们假定信息是完全且完美的,而每位参与者 i 的策略空间 X_i 都是凸和紧致的。同时假设每位参与者 i 的支付函数 u_i 都是另一位参与者 j 的策略 x_j 的非递增函数和自己的策略 x_i 的严格凹函数,并且符合唯一性定理。那么,一定存在唯一的纳什均衡 (x_1^N, x_2^N),使得

$$x_i^N = \mathrm{argmax}\{u_i(x_i, x_j^N) \mid x_i \in X_i\} \tag{6-66}$$

此处纳什均衡就是让步博弈的起步点。让步博弈共分为两个阶段:第一阶段是每位参与者为在第二阶段的让步做出谈判;第二阶段是每位参与者根据第一阶段的谈判结果做出让步。这样,就把一个非合作静态博弈转换为一个带有动态的让步博弈。

6.3.2.2　让步规则

由于每位参与者 i 的让步量都只能比他在原本的纳什均衡中的决策变量 x_i^N 低,故有

$$s_i = \begin{cases} \alpha_i s_j, & \text{当 } \alpha_i s_j \leqslant x_i^N \\ x_i^N, & \text{当 } \alpha_i s_j > x_i^N \end{cases} \tag{6-67}$$

式中,$s_j \in [0, x_j^N]$,为参与者 j 的让步量;α_i 为参与者 i 给予对方的出标,$i,j \in \{1,2\}$,$i \neq j$。

基于以上的讨论,在让步博弈中,每位参与者 i 都有两个决策变量:让步量 s_i 和出标 α_i,而两位参与者都会遵循一些双方都同意的让步规则。本节借鉴杨荣基(2007)的思路,根据需要制定如下规则:

①规则一,参与者 i 的出标 α_i 是较吸引的,当以下的关系成立:

$$\frac{\alpha_i s_j}{x_i^N} \bigg/ \frac{s_j}{x_j^N} > \frac{\alpha_j s_i}{x_j^N} \bigg/ \frac{s_i}{x_i^N} \Leftrightarrow \frac{\alpha_i x_j^N}{x_i^N} > \frac{\alpha_j x_i^N}{x_j^N} \Leftrightarrow \alpha_i > \frac{\alpha_j (x_i^N)^2}{(x_j^N)^2} \tag{6-68}$$

如果上式不等号($>$)的方向相反,那么参与者 j 的出标 α_j 是较吸引的。此时,赢家的出标,相对于他在原本的纳什均衡中的决策变量和输家的相对让步,都有较高的让步比例,故此是较为吸引的。

②规则二,在第一阶段,双方同时出标,出标较吸引的一方成为谈判中的赢家。此时

作为输家的一方必须接受赢家的出标,但输家可以根据赢家的出标,采用最优化自己的支付函数的让步量,而赢家则必须兑现他的出标,即根据输家的让步量和他的出标做出让步。

③规则三,当 $\dfrac{\alpha_i x_j^N}{x_i^N} = \dfrac{\alpha_j x_i^N}{x_j^N}$ 时,如果参与者 $i \in \{1,2\}$,有以下条件成立:

$$\{U_i^W(\alpha_i), U_j^L(\alpha_i)\} \geqslant \{U_i^L(\alpha_j), U_j^W(\alpha_j)\} \tag{6-69}$$

那么参与者 i 便是赢家。如果上式不成立,则以随机方法决定谁为赢家。此时,如果参与者 i 作为赢家的支付不少于他作为输家的支付,同时参与者 j 作为输家的支付不少于他作为赢家的支付,那么参与者 i 便成为赢家,而参与者 j 则成为输家。由于这样的安排对双方都有利,故此双方都愿意参与者 i 成为谈判中的赢家。式(6-69)中,

$U_j^L(\alpha_i) = u_j[x_i^N - \alpha_i s_j(\alpha_i), x_j^N - s_j(\alpha_i)]$ 代表参与者 j 作为输家的支付函数,

$U_i^W(\alpha_i) = u_i[x_i^N - \alpha_i s_j(\alpha_i), x_j^N - s_j(\alpha_i)]$ 代表参与者 i 作为赢家的支付函数,

$U_i^L(\alpha_j) = u_i[x_i^N - s_i(\alpha_j), x_j^N - \alpha_j s_i(\alpha_j)]$ 代表参与者 i 作为输家的支付函数,

$U_j^W(\alpha_j) = u_j[x_i^N - s_i(\alpha_j), x_j^N - \alpha_j s_i(\alpha_j)]$ 代表参与者 j 作为赢家的支付函数,

$s_j(\alpha_i)$ 代表参与者 j 对于赢的出标 α_i 的最优对策,$i, j \in \{1,2\}, i \neq j$。

6.3.2.3　输赢两家的支付分析

假设参与者 j 是输家且参与者 i 是赢家,那么,设想以下 3 点必须成立:

①如果赢家的出标等于零,则参与者 j 作为输家的最优让步量也等于零,而作为赢家的参与者 i 和作为输家的参与者 j 的支付都等于各自在原本的纳什均衡中的支付。

②对于赢家出标的递增,参与者 j 作为输家的支付只升不跌,但当赢家的出标增至足够高的水平,参与者 i 作为赢家的支付便将低于他在原本的纳什均衡中的支付。

③当赢家的出标趋于零,参与者 j 作为输家的支付函数,其斜率会趋于零,而参与者 i 作为赢家的支付函数,其斜率则是正数。

根据以上设想,我们便可以用图 6-1 和图 6-2 来阐明输赢两家的支付函数。此时考虑同一位参与者作为赢家和作为输家的支付函数。假设 α_i^0 表示最大输赢同酬出标,α_i^m 表示参与者 i 的不少于最大输赢同酬出标的最优出标,有

$$\alpha_i^0 = \max\left\{ \alpha_i \in \mathbf{R}^+ \ \middle| \ U_i^W(\alpha_i) = U_i^L\left[\alpha_i\left(\frac{x_j^N}{x_i^N}\right)^2\right] \right\} \tag{6-70}$$

$$\alpha_i^m \equiv \operatorname*{argmax}_{\alpha_i \geqslant \alpha_i^0}\{U_i^W(\alpha_i)\} \tag{6-71}$$

式中,$i, j \in \{1,2\}, i \neq j$。

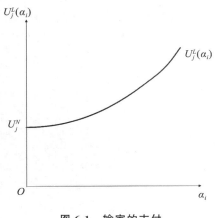

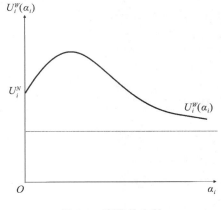

图 6-1 输家的支付   图 6-2 赢家的支付

下面考虑参与者 i 在 $\alpha_i^0 < \alpha_i^m$（图 6-3）和在 $\alpha_i^0 = \alpha_i^m$（图 6-4）的情况下作为赢家和输家的支付。从图 6-3 和图 6-4 可见，当赢的出标处于一个较低水平时，参与者 i 作为赢家的支付比作为输家的高，但当赢的出标到达一个足够高的水平时，赢家的支付便会等于输家的支付，此后随着赢的出标继续增大，他作为赢家的支付将比作为输家的低，甚至低于他在原本的纳什均衡中的支付。

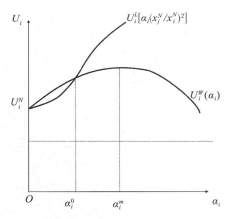

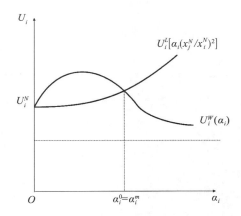

图 6-3 在 $\alpha_i^0 < \alpha_i^m$ 时赢家和输家的支付   图 6-4 在 $\alpha_i^0 = \alpha_i^m$ 时赢家和输家的支付

6.3.3 市场模型及参数估计

6.3.3.1 市场模型

本节借鉴杨荣基等（2007）的思路，考虑中美两国贸易的双边关税问题，用 $x_C(x_A)$ 代表中国（美国）施加于美国（中国）的关税税率，并以十个百分比作为计算单位。由于中国是一个发展中国家并致力于提供国民的就业机会，故它的支付函数 U_C 是就业率的单调递增函数，假设为

$$U_C = u_C[q] = u_C[k_1 + ax_C - x_C^2 - x_C x_A] \qquad (6\text{-}72)$$

式中，q 表示就业率，是依赖于两国关税税率的函数；k_1 为一常数；a 为正常数。

而美国是一个发达国家，并致力于维持进口关税和出口补贴的结余处于一个正的水平，故它的支付函数 U_A 是结余的单调递增函数，假设为

$$U_A = u_A[g] = u_A[k_2 + bx_A - x_A^2 - x_C] \qquad (6\text{-}73)$$

式中，$g = bx_A - x_A^2 - x_C$，表示致力维持进口关税和出口补贴的结余；$(bx_A - x_A^2)$ 表示关税的收益率；$(-x_C)$ 表示出口补贴；k_2 为一常数；b 为正常数。

6.3.3.2 经济学含义

对中国的就业率分别关于两个关税税率求一阶导数和二阶导数，有

$$\begin{cases} \dfrac{\partial q}{\partial x_C} = a - 2x_C - x_A, & \dfrac{\partial^2 q}{\partial^2 x_C} = -2 < 0 \\ \dfrac{\partial q}{\partial x_A} = -x_C < 0, & \dfrac{\partial^2 q}{\partial^2 x_A} = 0 \end{cases} \qquad (6\text{-}74)$$

式（6-74）说明了就业率方程关于中国施加于美国的关税税率是个严格凸函数；而就业率关于美国施加于中国的关税税率呈单调递减关系，并且此时效用函数是线性的，边际替代率等于函数斜率，是个常数。

对维持美国进口关税和出口补贴的结余分别关于两个关税税率求一阶导数和二阶导数，有

$$\begin{cases} \dfrac{\partial g}{\partial x_C} = -1 < 0, & \dfrac{\partial^2 g}{\partial^2 x_C} = 0 \\ \dfrac{\partial g}{\partial x_A} = b - 2x_A, & \dfrac{\partial^2 g}{\partial^2 x_A} = -2 < 0 \end{cases} \qquad (6\text{-}75)$$

式(6-75)说明了结余方程关于中国施加于美国的关税税率呈单调递减关系,并且此时效用函数是线性的,边际替代率等于函数斜率,是个常数;而结余方程关于美国施加于中国的关税税率是个严格凸函数。

由于两国的目标不同,故两国的支付函数,既不可转移也不能相互比较。

6.3.3.3 参数估计

根据中国就业和中美两国双边关税的历史数据(数据选取时间为 2000 年至 2018 年,其中中国关税缺少 2012 年和 2013 年的数据,所以扣除这两年的样本组),用回归分析对 k_1、a、k_2 和 b 进行参数估计,见表 6-1。

表 6-1 中国历年就业情况和中美两国历年双边关税情况

时间/年	经济活动 人口/万人	就业人员 合计/万人	就业率/ %	中国关税/ 10%	美国关税/ 10%	美国关税收益 率/%
2000	73992	72085	97.42	1.68	0.42	41.05
2001	74432	73025	98.11	1.58	0.41	41.04
2002	75360	73740	97.85	1.31	0.41	41.02
2003	76075	74432	97.84	1.12	0.39	41.01
2004	76823	75200	97.89	1.03	0.38	41.14
2005	77877	75825	97.37	0.96	0.38	41.17
2006	78244	76400	97.64	0.97	0.37	40.96
2007	78645	76990	97.9	0.99	0.37	40.95
2008	79243	77480	97.78	0.95	0.38	40.97
2009	77510	75828	97.83	0.94	0.38	40.98
2010	78388	76105	97.09	0.96	0.38	40.97
2011	78579	76420	97.25	0.96	0.38	40.98
2014	79690	77253	96.94	0.96	0.36	40.94
2015	80091	77451	96.7	1.11	0.36	40.94
2016	80694	77603	96.17	1.09	0.36	40.93
2017	80686	77640	96.22	1.07	0.41	40.64
2018	80567	77586	96.3	0.98	0.42	41.19

注:关税取 AHS 简单平均值。

(1)对 k_1 和 a 的参数估计

建立回归方程：$\hat{y}=\hat{k}_1+\hat{a}x$。根据表 6-1 数据作一元回归分析，可得残差及置信区间（图 6-5）。对此结果多次修正，去掉残差的置信区间不包括零点的异常点（残差应服从均值为 0 的正态分布），再根据有效样本对参数 k_1 和 a 进行估计（表 6-2）。

表 6-2　k_1 和 a 的参数估计值

回归系数	回归系数估计值	回归系数置信区间
k_1	95.7	$[94.8210, 96.5521]$
a	3.3	$[2.5764, 4.0840]$
$R^2=0.9065$，　$F=96.9001$，　$p<0.0001$		

由表 6-2 可以看出 F 检验的 p 值接近于 0，并且 a 的置信区间不含零点，修正后的残差及置信区间如图 6-6 所示。同时用 MATLAB 命令 $\text{finv}(0.95,1,10)$ 计算得到 $F_{0.95}(1,10)=4.9646<F$，因此可以检验出该模型是有效的。

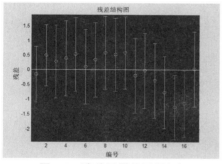

图 6-5　残差及置信区间(1)

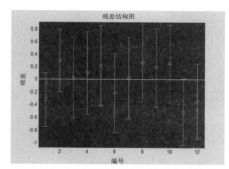

图 6-6　修正后的残差及置信区间(1)

(2)对 k_2 和 b 的参数估计

建立回归方程：$\hat{y}=\hat{k}_2+\hat{b}x$。根据表 6-1 数据作一元回归分析，可得残差及置信区间（图 6-7）。对此结果多次修正，去掉残差的置信区间不包括零点的异常点（残差应服从均值为 0 的正态分布），再根据有效样本对参数 k_2 和 b 进行估计（表 6-3）。

表 6-3　k_2 和 b 的参数估计值

回归系数	回归系数估计值	回归系数置信区间
k_2	40.3	$[40.1546, 40.3246]$
b	1.8	$[1.7650, 2.1603]$
$R^2=0.9825$，　$F=504.6408$，　$p<0.0001$		

由表 6-3 可以看出 F 检验的 p 值接近于 0,并且 b 的置信区间不含零点,修正后的残差及置信区间如图 6-8 所示。同时用 MATLAB 命令 finv(0.95,1,9)计算得到 $F_{0.95}(1,10)=5.1174 < F$,因此可以检验出该模型是有效的。

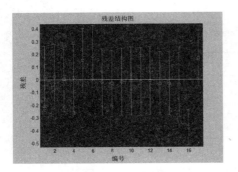

图 6-7　残差及置信区间(2)

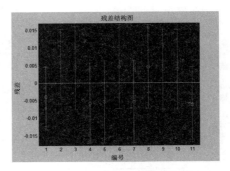

图 6-8　修正后的残差及置信区间(2)

综合上述参数估计结果,中国的支付函数 U_C 和美国的支付函数 U_A 可分别表示为

$$U_C = u_C[q] = u_C[95.7 + 3.3x_C - x_C^2 - x_C x_A] \tag{6-76}$$

$$U_A = u_A[g] = u_A[40.3 + 1.8x_A - x_A^2 - x_C] \tag{6-77}$$

6.3.4　中美两国贸易双边关税的让步均衡

6.3.4.1　纳什均衡价格

通过求取 U_C 和 U_A 的一阶导数并令其等于零,可得

$$\begin{cases} x_C^N = \dfrac{a}{2} - \dfrac{b}{4} = 1.2 \\ x_A^N = \dfrac{b}{2} = 0.9 \end{cases} \tag{6-78}$$

即中国和美国原本的纳什均衡分别为 12% 和 9% 的关税税率。故此,在纳什均衡下两国的支付函数分别为

$$\begin{cases} U_C^N = u_C[97.14] \\ U_A^N = u_A[97.21] \end{cases} \tag{6-79}$$

由以上分析可知,两国的原本关税都很高,所以双方都乐意削减税率。但是根据惯常

做法的一些双边削减建议,比如一方减少 β 的关税而另一方减少 γ 的关税,很多时候难以取得共识,致使双边关税削减建议无法得到落实。故此,下面我们利用策略性让步的方法来分析。

6.3.4.2 让步均衡价格

假设两国都同意让步的规则,并乐意共同削减税率。在此决策下求取让步均衡。

(1)两国分别成为赢家和输家的支付

①中国成为赢家,美国成为输家时的情况。根据让步规则二,对于美国的每个百分点的税率削减,中国将削减 α_C 个百分点。以下解决美国支付函数的最优化问题:

$$\max_{s_A \in \mathbf{R}^+} u_A\left[40.3 + 1.8(x_A^N - s_A) - (x_A^N - s_A)^2 - (x_C^N - \alpha_C s_A)\right] \tag{6-80}$$

式中,$s_A \in [0, x_A^N]$ 代表美国对于他在原本的纳什均衡中的决策变量 x_A^N 的削减,即为美国的让步量。

通过对式(6-80)求取 s_A 的一阶导数并令其等于零,得

$$s_A = s_A(\alpha_C) = \frac{\alpha_C}{2} \tag{6-81}$$

而中国的相应让步量则为

$$s_C = \alpha_C s_A(\alpha_C) = \frac{\alpha_C^2}{2}$$

此时的两国支付分别为

$$U_C^W(\alpha_C) = u_C[q] = u_C\left[95.7 + 3.3\left(x_C^N - \frac{\alpha_C^2}{2}\right) - \left(x_C^N - \frac{\alpha_C^2}{2}\right)^2 - \left(x_C^N - \frac{\alpha_C^2}{2}\right)\left(x_A^N - \frac{\alpha_C}{2}\right)\right] \tag{6-82}$$

$$U_A^L(\alpha_C) = u_A[g] = u_A\left[40.3 + 1.8\left(x_A^N - \frac{\alpha_C}{2}\right) - \left(x_A^N - \frac{\alpha_C}{2}\right)^2 - \left(x_C^N - \frac{\alpha_C^2}{2}\right)\right] \tag{6-83}$$

②美国成为赢家,中国成为输家时的情况。根据让步规则二,对于中国的每个百分比的税率削减,美国将削减 α_A 个百分比。以下解决中国支付函数的最优化问题:

$$\max_{s_C \in \mathbf{R}^+} u_C[95.7 + 3.3(x_C^N - s_C) - (x_C^N - s_C)^2 - (x_C^N - s_C)(x_A^N - \alpha_A s_C)] \tag{6-84}$$

式中,$s_C \in [0, x_C^N]$ 代表中国对于他在原本的纳什均衡中的决策变量 x_C^N 的削减,即为中国的让步量。

通过求取式(6-84)的一阶导数并令其等于零,得

$$s_{\mathrm C}=s_{\mathrm C}(\alpha_{\mathrm A})=\frac{\alpha_{\mathrm A}x_{\mathrm C}^{N}}{2(1+\alpha_{\mathrm A})} \tag{6-85}$$

而美国的相应让步量则为

$$s_{\mathrm A}=\alpha_{\mathrm A}s_{\mathrm C}(\alpha_{\mathrm A})=\frac{\alpha_{\mathrm A}^{2}x_{\mathrm C}^{N}}{2(1+\alpha_{\mathrm A})}$$

此时的两国支付分别为

$$U_{\mathrm C}^{L}(\alpha_{\mathrm A})=u_{\mathrm C}[q]=u_{\mathrm C}\left\{95.7+3.3\left[x_{\mathrm C}^{N}-\frac{\alpha_{\mathrm A}x_{\mathrm C}^{N}}{2(1+\alpha_{\mathrm A})}\right]-\left[x_{\mathrm C}^{N}-\frac{\alpha_{\mathrm A}x_{\mathrm C}^{N}}{2(1+\alpha_{\mathrm A})}\right]^{2}-\right.$$
$$\left.\left[x_{\mathrm C}^{N}-\frac{\alpha_{\mathrm A}x_{\mathrm C}^{N}}{2(1+\alpha_{\mathrm A})}\right]\left[x_{\mathrm A}^{N}-\frac{\alpha_{\mathrm A}^{2}x_{\mathrm C}^{N}}{2(1+\alpha_{\mathrm A})}\right]\right\} \tag{6-86}$$

$$U_{\mathrm A}^{W}(\alpha_{\mathrm A})=u_{\mathrm A}[g]=u_{\mathrm A}\left\{40.3+1.8\left[x_{\mathrm A}^{N}-\frac{\alpha_{\mathrm A}^{2}x_{\mathrm C}^{N}}{2(1+\alpha_{\mathrm A})}\right]-\left[x_{\mathrm A}^{N}-\frac{\alpha_{\mathrm A}^{2}x_{\mathrm C}^{N}}{2(1+\alpha_{\mathrm A})}\right]^{2}-\right.$$
$$\left.\left[x_{\mathrm C}^{N}-\frac{\alpha_{\mathrm A}x_{\mathrm C}^{N}}{2(1+\alpha_{\mathrm A})}\right]\right\} \tag{6-87}$$

(2)让步均衡价格的推导过程

①出标参数。由于当 $\left(\frac{x_{\mathrm C}^{N}}{x_{\mathrm A}^{N}}\right)^{2}=\frac{16}{9}$ 时,中国的出标 $\alpha_{\mathrm C}$ 将与美国的出标 $\alpha_{\mathrm A}=\frac{9}{16}\alpha_{\mathrm C}$ 吸引力相等。通过求取 $U_{\mathrm C}^{W}(\alpha_{\mathrm C})$ 和 $U_{\mathrm C}^{L}\left(\frac{9}{16}\alpha_{\mathrm C}\right)$ 的交点,得到中国的最大输赢同酬出标为 $\alpha_{\mathrm C}^{0}=1.021$。 有了中国的最大输赢同酬出标,便可求得不少于它的最优出标 $\alpha_{\mathrm C}^{m}=1.021$。 类似地,因为 $U_{\mathrm A}^{W}(\alpha_{\mathrm A})$ 和 $U_{\mathrm A}^{L}\left(\frac{16}{9}\alpha_{\mathrm A}\right)$ 的交点为 $\alpha_{\mathrm A}=0.698$,所以美国的最大输赢同酬出标 $\alpha_{\mathrm A}^{0}=0.698$,而不少于它的最优出标则为 $\alpha_{\mathrm A}^{m}=\alpha_{\mathrm A}^{0}=0.698$。

②让步均衡价格。根据让步均衡的规则及分析结果,参考 Jorgensen 与 Yeung (1999)的方法,本节为让步博弈提出了以下解法:当 $\alpha_{i}^{0}=\alpha_{i}^{m}$ 且 $\alpha_{j}^{0}=\alpha_{j}^{m}$ 时,对于 $\alpha_{i}^{0}\geqslant\left(\frac{x_{i}^{N}}{x_{j}^{N}}\right)^{2}\alpha_{j}^{0}$,让步博弈中存在一个均衡,其中,参与者 j 的出标为 $\alpha_{j}^{*}=\alpha_{j}^{0}$,而参与者 i 的出标则为

$$\alpha_{i}^{*}=\alpha_{i}^{S}\equiv\operatorname*{argmax}_{\alpha_{i}\in\left[\left(\frac{\alpha_{i}^{N}}{\alpha_{j}^{N}}\right)^{2}\alpha_{j}^{0},\alpha_{i}^{0}\right]}\left\{U_{i}^{W}(\alpha_{i})\right\}$$

根据上述解法,因为

$$\alpha_{C}^{0} = \alpha_{C}^{m} = 1.021 < \left(\frac{x_{C}^{N}}{x_{A}^{N}}\right)^2 \alpha_{A}^{0} = \left(\frac{x_{C}^{N}}{x_{A}^{N}}\right)^2 \alpha_{A}^{m} = \frac{16}{9} \times 0.698 = 1.241$$

$$U_{A}^{W}(0.698) = u_{A}(32.79) < U_{A}^{W}\left(\frac{9}{16} \times 1.021\right) = U_{A}^{W}(0.574) = u_{A}(33.16)$$

所以此博弈的让步均衡为

$$\alpha_{C}^{*} = \alpha_{C}^{0} = 1.021, \alpha_{A}^{*} = \alpha_{A}^{S} = \frac{16}{49} \times 1.734 = 0.566$$

由于两国的出标吸引力相等,根据让步规则三,中国成为输家,并做出关税削减 $s_{C}^{*} = \frac{\alpha_{A}^{*} x_{C}^{N}}{2(1+\alpha_{A}^{*})} = 0.219$,即 2.19%;而作为赢家的美国则相应地削减 $s_{A}^{*} = s_{C}^{*} \times 0.574 = 0.126$,即 1.26%。

故此,双方的支付分别由 $U_{C}^{N} = u_{C}[97.14]$ 升至 $U_{C} = u_{C}[97.21]$,由 $U_{A}^{N} = u_{A}[39.91]$ 升至 $U_{A} = u_{A}[40.11]$,双方的共同让步是一个双赢的结果。

综合以上的分析可知,只要双方都同意让步的规则,在让步均衡下,不需要签订任何具约束力的协议,双方也能得到优于纳什均衡的支付。

6.3.5　实证分析

中美贸易争端自发生以来,经历了疾风暴雨式的升级以及在首脑会晤之后双方按下了"暂停键"的过程,再到美方撕毁"合约"争端再起,最终中美经贸团队在经历了多轮的经贸磋商之后双边贸易争端暂时落下帷幕。可以预见,中美贸易争端不会就此结束,这次贸易纠纷的平息可能只是双边贸易暂时的修正,美国全力遏制中国高新技术产业发展的意图不会改变。因此,如何扩大中美之间的合作,缩小和管控好分歧,将是摆在两国之间的重要课题。下面通过实证来具体分析两国关税现状在让步博弈下的支付情况。

假设所取样本是美国对中国的进口商品关税加征 25%,同样中国为了反击也对美国商品加征 25% 的关税。根据让步博弈的方法,通过计算可以得到中美分别对对方税率加征 25% 关税后双方的支付结果(表6-4)。从表6-4中可以看出,当以中美双方关税的纳什均衡为基点时,关税税率加征 25% 会让双方的支付分别由 $U_{C}^{N} = u_{C}[97.14]$ 降至 $U_{C}' = u_{C}[81.64]$,由 $U_{A}^{N} = u_{A}[39.91]$ 降至 $U_{A}' = u_{A}[31.16]$;当以中美双方关税的让步均衡为基点时,关税税率加征 25% 后,双方的支付分别由 $U_{C} = u_{C}[97.21]$ 降至 $U_{C}' = u_{C}[83.77]$,由 $U_{A} = u_{A}[40.11]$ 降至 $U_{A}' = u_{A}[31.12]$。显然,加征关税会大大降低双方的支付,致使两败俱伤。因此,贸易平衡才是对双方有利的,无论是过大的顺差还是逆差,都会对双方的正常经济发展造成伤害。

表 6-4　关税加征 25% 前后中美双方的支付函数

项目(国别)	纳什均衡	以纳什均衡为基点,关税税率加征 25%	让步均衡	以让步均衡为基点,关税税率加征 25%
支付函数(中国)	$U_C^N = u_C[97.14]$	$U_C' = u_C[81.64]$	$U_C = u_C[97.21]$	$U_C' = u_C[83.77]$
支付函数(美国)	$U_A^N = u_A[39.91]$	$U_A' = u_A[31.16]$	$U_A = u_A[40.11]$	$U_A' = u_A[31.12]$

6.3.6　主要结论与政策启示

　　本节首先分析了动态博弈的理论基础,制定了让步博弈过程中需要的让步规则,并根据规则对输赢两家的支付进行分析;其次,建立了中美两国的支付函数模型,并对模型的经济学含义进行了分析,同时根据历史数据对模型的参数进行回归分析,又利用了 F 检验的 p 值、系数的置信区间及残差等多个方面对回归系数估计值的有效性进行了验证;再次,由让步规则分别求取两国作为赢家和输家的支付函数,借助 MATLAB 等软件计算出出标函数和让步均衡价格;最后,通过对最近一轮中美双边贸易争端事件的梳理,分别计算出加征关税前的纳什均衡、让步均衡和加征关税后的支付函数。

　　研究发现:①根据让步博弈的方法,只要双方都同意让步的规则,在让步均衡下,不需要签订任何具约束力的协议,双方也能得到优于原本纳什均衡的支付。②通过实证分析发现,加征关税会大大降低双方的支付,致使两败俱伤。而贸易平衡才是对双方有利的,无论是过大的顺差还是逆差,都会对双方的正常经济发展造成伤害。

　　根据以上结论,本节得到以下几点启示:①贸易战对任何一方都没有好处,贸易本身就是一个交易,就是一个妥协,就是一个谈判的过程。中美关系很微妙,它影响着世界格局的重新变化,在维护全球多边自由贸易框架基础上,中美双方应确定未来共同目标,深入挖掘中美结构性合作潜力,开启中美经贸新模式。②在中美关系上,我们要了解对方的思路,看清趋势在哪里。这场贸易争端的本质,其实就是在中国经济发展的关键时刻,美国想通过贸易战遏制中国高新技术产业的发展,打压中国在国际的竞争力,保持美国的竞争优势。这意味着,即便这场中美贸易争端双方以谈判和妥协收场,下一次美国仍然会找出另一个理由来遏制中国。③目前来看,中国应该拿出一系列突破性的改革开放措施,来坚持自己在制造业领域的发展战略。从长远看,建议中国寻找机会争取加入跨太平洋伙伴关系协定(Trans-Pacific Partnership Agreement,TPP),推动区域全面经济伙伴关系协定(Regional Comprehensive Economic Partnership,RCEP)和世界贸易组织(World

Trade Organization，WTO)等多边贸易体系的进展，寻求更多的力量来帮助推动全球自由贸易发展。

　　综上所述，本节在构建让步规则的前提下，针对新形势下中美经贸双边关税问题进行了动态博弈分析。在本节的基础上，还可做如下深入研究：①在本节模型的基础上，还可以用GDP或出口量等状态变量来研究中美经贸双边关税问题，也可更换关税为其他控制变量来讨论中美经贸的其他方面问题，因此可以为类似的研究提供模型分析或模型拓展。②在现实环境中，无论花费多少人力物力，搜集多少过去和现在的资讯，未来仍是不可知的。所以，把随机环境元素加入博弈当中，用随机微分合作博弈的方法来研究中美经贸双边关税问题将会更贴近实际情况。除此以外，还可以考虑多个国家之间经济贸易的动态博弈。此节内容希望能起到抛砖引玉的作用，将对关税的让步博弈模型及中美经贸双边关税的动态博弈相关方法的思考、研究不断地引向深处。

参考文献

[1]班允浩,2011.合作微分博弈问题研究[D].大连:东北财经大学.

[2]北京大学数学系,2019.高等代数[M].北京:高等教育出版社.

[3]陈洪转,王玥,2017.主制造商供应商合作协商定价让步博弈研究[J].工业技术经济,36(5):102-108.

[4]陈松男,2002.金融工程学:金融商品创新选择权理论[M].上海:复旦大学出版社.

[5]陈伟光,蔡伟宏,2019.大国经济外交与全球经济治理制度:基于中美经济外交战略及其互动分析[J].
    当代亚太,(2):67-94,157-158.

[6]程粟粟,易永锡,李寿德,2019.碳捕获与碳封存机制下跨界污染控制微分博弈[J].系统管理学报,28
    (5):864-872.

[7]邓国和,杨向群,2009.多因素 CIR 市场结构风险的双指数跳扩散模型欧式期权定价[J].高校应用数
    学学报,24(2):127-136.

[8]邓永录,梁之舜,1992.随机点过程及其应用[M].北京:科学出版社.

[9]郭峰,李时银,2007.与汇率相关的几何平均亚式交换期权定价公式[J].福州大学学报(自然科学版),
    (5):685-688.

[10]国家统计局,2024.中国统计年鉴(2000 年至 2018 年)[EB/OL].[2024-04-30].https://www.stats.
    gov.cn/sj/ndsj/.

[11]黄东南,周圣武,2019.基于跳扩散过程的回望期权定价的数值算法[J].大学数学,35(1):14-19.

[12]黄国安,邓国和,霍海峰,2008.跳跃-扩散过程下欧式任选期权的定价[J].山西大学学报(自然科学
    版),31(3):438-442.

[13]黄媛,方曙红,2007.投资权重限制下套利组合的均值-方差分析[J].工程数学学报,24(4):662-668.

[14]贾俊平,2012.统计学[M].北京:中国人民大学出版社.

[15]姜礼尚,2008.期权定价的数学模型和方法[M].2 版.北京:高等教育出版社:210-218.

[16]金治明,2006.数学金融学基础[M].北京:科学出版社.

[17]邝艳湘,2010.经济相互依赖与中美贸易摩擦:基于多阶段博弈模型的研究[J].国际贸易问题,(11):
    36-43.

[18]黎子良,刑海鹏,姚佩佩,2009.金融市场中的统计模型和方法[M].北京:高等教育出版社.

[19]李钧瑶,2021.Dynamic programming principles for two-player zero-sum stochastic differential games with regime switching[J].理论数学,11(4):654-662.

[20]李时银,2002.期权定价与组合选择:金融数学与金融工程的核心[M].厦门:厦门大学出版社.

[21]梁飞豹,徐荣聪,刘文丽,2005.概率论与数理统计:理工科类[M].北京:北京大学出版社.

[22]亮亮,王勇,2012.投资组合风险的均值方差分析[J].上海电力学院学报,28(3):287-297.

[23]刘伟兵,谭雪珍,2017.企业年金缴费水平对劳动力的影响研究:基于动态博弈模型的研究方法[J].社会保障研究,(3):12-17.

[24]刘宣会,徐成贤,2008.基于跳跃-扩散过程的一类亚式期权定价[J].系统工程学报,23(1):142-147.

[25]罗伯特·吉本斯,高峰,1999.博弈论基础[M].北京:中国社会科学出版社.

[26]马涛,2020.美国对华战略规锁下的贸易冲突博弈路径选择[J].当代亚太,(2):75-99,153.

[27]马永健,漆腊应,2020.中美经贸摩擦的潜在经济效应及中国对策研究[J].国际商务(对外经济贸易大学学报),(5):19-34.

[28]孟亮,梁莹莹,2018.中美贸易争端跨越修昔底德陷阱的多阶段动态博弈分析[J].中国流通经济,32(9):85-97.

[29]潘昌蔚,景国文,2022.中国对美关税制裁与进口贸易边际[J].价格月刊,547(12):62-70.

[30]潘倩,2020.中美贸易摩擦背景下美国知识产权调查的触发机制及应对策略[J].价格月刊,512(1):89-94.

[31]潘素娟,陈逢明,李时银,2017.基于汇率和违约双重风险下的外国股票亚式交换期权的定价公式[J].延边大学学报(自然科学版),43(3):198-204.

[32]潘素娟,陈丽珍,2013.证券投资组合的均值-方差分析[J].长春工业大学学报(自然科学版),34(4):457-462.

[33]潘素娟,陈永娟,李时银,2013.不确定汇率下一类外国股票期权的信用风险定价[J].云南民族大学学报(自然科学版),22(6):436-440.

[34]潘素娟,李时银,2008.债务随机时的有信用风险几何平均亚式期权的定价公式[J].福州大学学报(自然科学版),36(1):27-32.

[35]潘素娟,李时银,2011.基于涨跌停规则的股票期权定价[J].福州大学学报(自然科学版),39(4):503-507.

[36]潘素娟,李时银,2024.基于让步博弈方法的中美贸易关税的动态博弈分析[J].延边大学学报(自然科学版),50(1):92-100.

[37]潘素娟,李时银,赵佩,2021.证券市场中庄家与散户间的确定性微分博弈[J].延边大学学报(自然科学版),47(3):243-248.

[38]潘素娟,李时银,赵佩,2022.证券市场中国内外机构投资者共同参与的随机微分博弈[J].延边大学学报(自然科学版),48(3):229-234.

[39]潘素娟,2019.基于随机汇率条件下的国外股票亚式回望期权的定价公式[J].延边大学学报(自然科学版),45(4):315-321.

[40]屈有明,李江鑫,张克勇,2020.考虑风险偏好的中美贸易多阶段动态博弈分析[J].统计与决策,36(5):173-176.

[41]史蒂文 E.施里夫,2016.金融随机分析:连续时间模型:第 2 卷[M].陈启宏,陈迪华,译.上海:上海财经大学出版社.

[42]宋国友,2016.融合、竞争与中美经贸关系的再锚定[J].复旦学报(社会科学版),(3):140-146.

[43]陶冶,马健,2005.基于聚类分析和判别分析方法的股票投资价值分析[J].财经理论与实践,26(138):45-48.

[44]王旭阳,2018.合则两利,斗则俱伤:中美经贸关系在摩擦中前行[J].现代管理科学,(2):54-56,93.

[45]王学民,2017.应用多元统计分析[M].上海:上海财经大学出版社:63-74.

[46]魏正元,李时银,2003.有多个跳跃源的信用风险欧式期权定价公式[J].厦门大学学报,42(4):439-443.

[47]吴晓求,2009.证券投资学[M].北京:中国人民大学出版社.

[48]吴永红,李琼,金勇,2011.随机利率下的外汇欧式期权定价[J].武汉理工大学学报(交通科学与工程版),35(5):1020-1022.

[49]夏毕愿,李时银,2006.几何平均亚式交换期权的定价公式[C]//中国数学力学物理学高新技术交叉研究学会.中国数学力学物理学高新技术交叉研究会第 11 届学术研讨会论文集,11.

[50]杨璐,张成科,朱怀念,2018.带泊松跳的线性 Markov 切换系统的随机微分博弈及在金融市场中的应用[J].系统科学与数学,38(5):537-552.

[51]杨鹏,2016.具有交易费用和负债的随机微分博弈[J].系统科学与数学,36(7):1040-1045.

[52]杨鹏,2018.随机利率下 DC 型养老金的随机微分博弈[J].应用概率统计,34(5):441-449.

[53]杨荣基,彼得罗相,李颂志,2007.动态合作:尖端博弈论[M].北京:中国市场出版社.

[54]约翰·赫尔,赫尔,2006.Options futures and other derivatives[M].北京:清华大学出版社.

[55]张丹松,李馨,2003.最小方差组合证券集的性质[J].数学的实践与认识,33(9):68-74.

[56]张军,崔致远.基于 GSIM 模型的中美贸易摩擦博弈分析[J].经济研究参考,2021(3):72-93,103.

[57]张瑞玲,王万雄,秦丽娟,2015.具有强 Allee 效应的 2-物种的囚徒困境博弈[J].山东大学学报(理学版),50(11):98-103.

[58]周念利,陈寰琦,黄建伟,2017.全球数字贸易规制体系构建的中美博弈分析[J].亚太经济,(4):37-45,173-174.

[59]朱建平,2017.应用多元统计分析[M].北京:北京大学出版社.

[60]左玲,李时银,丁海燕,2014.跳跃扩散型离散算术平均资产浮动执行价的回望买权定价[J].厦门大学学报(自然科学版),53(6):774-779.

[61]AMMANN M,2001.Credit risk valuation:methods,models,and applications[J].Springer Finance,509:47-52.

[62]BASAK G K,GHOSH M K,MUKHERJEE D.Equilibrium and stability of a stock market game with big traders[J].Differential Equations and Dynamical Systems,2009,17(3):283-299.

[63]BELLAMY N,2001.Wealth optimization in an incomplete driven by a jump-diffusion process[J].Journal of Mathematical Economics,35(2):259-287.

[64]BELLAMY N,JEANBLANC M,2000.Incompleteness of market diven by a mixed diffusion[J].Finance and Stochastics,4:209-222.

[65]BLACK F. COX J C,1976.Valuing corporate securities:some effects of bond indenture provisions

[J].The Journal of Finance,31(2):351-367.

[66]BRENNER M. SCHWARTZ E S,1980. Analying convertible bonds[J].Journal of Financial and Quantitative Analysis,15:907-929.

[67]COX J C,ROSS S A,1976.The valuation of options for alternative stochastic process[J].Journal of Financial Economics,(3):145-166.

[68]DOMINIKA M,ANDRZEJ N,2020.Competition in defensive and offensive advertising strategies in a segmented market[J].European Journal of Control,53:98-108.

[69]DRAVID A R,RICHARDSON M,SUN T S,1993.Pricing foreign index contingent claims:an application to nikkei index warrants[J].The Journal of Derivatives,1(1):33-51.

[70]FONSECA-MORALES A, HERNÁNDEZ-LERMA O, 2019. Stochastic differential games:the potential approach[J].Stochastics,92:1125-1138.

[71]FUH C D,LUO S F, YEN J F,2013.Pricing discrete path-dependent options under a double exponential jump-diffusion model[J].Journal of Banking and Finance,37:2702-2713.

[72]GENTLE D,1993.Basket weaving[J].Risk,6:51-52.

[73]GIESECKE K,2002.Credit risk modeling and valuation:an introduction[D].New York:Cornell University.

[74]DENG Y,2016.Meeting China halfway: how to defuse the emerging US-China rivalry[J].United States Naval Institute Proceedings,142(4):73-74.

[75]HARRISON M,KREPS D,1997.Martingales and multiperiod securities markets[J].Journal of Economic Theory,20:381-408.

[76]JARROW R A,TURBULL S M,1995.Pricing derivatives on financial securities subject to credit risk [J].Journal of Finance,50(1):53-85.

[77]JONKHART M J L,1979.On the term structure of interest rates and the risk of default[J].Journal of Banking & Finance,3(3):253-262.

[78]JORGENSEN S,YEUNG D W K,1999.A strategic concession game[J].International Game Theory Review,1(1):103-129.

[79]KARATZAS I,SHREVE S E,1998.Brownian motion and stochastic calculus [M].2nd edition.New York:Springer-Verlag.

[80]KIM K I,PARK H S,QIAN X S,2011.Amathematical modeling for the lookback option with jump-diffusion using binomial tree method[J].Journal of Computational and Applied Mathematics,235 (17):5140-5154.

[81]LONGSTAFF F A,SCHWARTZ E S,1995.A simple approach to valuing risky fixed and floating rate debt[J].Journal of Finance,50:789-819.

[82]MADAN D B,UNAL H,1998.Pricing the risks of default[J].Review of Derivatives Research,2: 121-160.

[83]MASON S P,BHATTACHARYA S,1981.Risky debt,jump processes,and safety covenants[J]. Journal of Finance Economics,9(3):281-307.

[84]MATHEW P A,ANKUR A K,2018.New results on the existence of open loop Nash equilibria in

discrete time dynamic games via generalized Nash games[J]. Mathematical Methods of Operations Research,89:157-172.

[85]MERTON R C,1974. On the pricing of corporate debt: the risk structure of interest rates[J]. Working Papers,29(2):449-470.

[86]MUSIELA M,RUTKOWSKI M, 2005. Martingale methods in financial modelling[J]. Stochastic Modelling & Applied Probability,36(6):636.

[87]NIELSEN S S,RONN E I,1997. The valuation of default risk in corporate bonds and interest rate swaps [J]. Advances in Futures and Options Research,9:175-196.

[88]PUDURU V R,GEORGES Z, 2019. Open-loop and feedback Nash equilibria in constrained linear-quadratic dynamic games played over event trees[J]. Automatica,107:162-174.

[89]REVUZ D,YOR M, 1994. Continous Martingales and Brownian motion[M]. New York: Springer-Verlag.

[90]ROBERT A J,LAODO D,TURBULL S M,1997. A markov model for the term structure of credit risk spread[J]. Review of Finance Studies,10(2):481-523.

[91]NATHAN A J,2016. Meeting China halfway-how to defuse the emerging US-China rivalry[J]. Political Science Quarterly,131(4):849-851.

[92]USHAKOV I,2016. Point stochastic processes[J]. Springer Link,(1):1135-1136.

[93]World Intergrated Trade Solution,2024. Global preferential trade agreements database[EB/OL]. [2024-04-30]. https://wits.worldbank.org/gptad.html.

[94]YANG S,SHI B,YANG F J,2023. Macroeconomic impact of the Sino-U.S. trade frictions: based on a two-country,two-sector DSGE model[J]. Research in International Business and Finance,65:101956.

[95]YEUNG D W K,PETROSYAN L A,2006. Cooperative stochastic differential games[M]. New York: Springer.

[96]ZHOU J J,TUR A,2021. Transferable utility cooperative differential games with continuous updating using pontryagin maximum principle[J]. Mathematics,9(2):163-163.

附　录

1. 鞅

适应于 F_t，且满足 $E[\mid M_t \mid] < \infty, \forall t \in [0, T]$ 的函数 M_t，若

$$E_P[M_T \mid F_t] \geqslant M_t, \forall t \in [0, T]$$

称为 P 半鞅。

若

$$E_P[M_T \mid F_t] \leqslant M_t, \forall t \in [0, T]$$

称为超鞅。

若既是半鞅又是超鞅，即若 $E_P[M_T \mid F_t] = M_t$，则是鞅。

正式地，若函数 M_t 不满足技术条件 $E[\mid M_t \mid] < \infty, \forall t \in [0, T]$，则称函数 M_t 是一个局部鞅。

2. 林德伯格-列维中心极限定理

设随机变量 $X_1, X_2, \cdots, X_n, \cdots$ 独立同分布，且具有有限数学期望和方差：

$$E(X_i) = \mu, D(X_i) = \sigma^2 \neq 0, (i = 1, 2, \cdots)$$

则随机变量 $Y_n = \dfrac{\sum\limits_{i=1}^{n} X_i - n\mu}{\sqrt{n}\,\sigma}$ 的分布函数 $F_n(x)$ 收敛到标准正态分布函数 $\Phi(x)$，即当 n 充分大时，近似地有

$$\sum_{i=1}^{n} X_i \sim N(n\mu, n\sigma^2)$$

3. Doleans-Dade 定理

设 L_t 为定义在 $[\Omega, F, (F_t)_{0 \leqslant t \leqslant T}, P]$ 上的连续局部鞅。若函数 $\varepsilon_t(L)$ 满足 SDE，

$$d\varepsilon_t = \varepsilon_t dL_t$$

则 $\varepsilon_t(L)$ 由下面这个局部鞅给出

$$\varepsilon_t(L) = \exp\left(L_t - \frac{1}{2}\langle L \rangle_t\right)$$

式中，ε_t 称为 Doleans-Dade 指数或随机指数。

4. Novikov 推论

若 $E\left[\exp\left(\frac{1}{2}\langle L \rangle\right)\right] < \infty$，则 Doleans-Dade 定理中的 ε 是鞅。

5. Bayes 推论

对于 $0 \leqslant s \leqslant t \leqslant T$，有 $E_Q[X_t | F_s] = \zeta_s^{-1} E_P[X_t \zeta_t | F_s]$。

6. Girsanov 定理

已知概率空间 $[\Omega, F, (F_t)_{t \geqslant 0}, P]$ 被赋予了滤过，假设这个概率测度 Q 是关于 P 的绝对连续。若 Radon-Nikodym 派生 $D = \dfrac{dQ}{dP}$ 是连续的，则 P 下的准鞅是 Q 下的准鞅，而且，对于 M，存在一个定义在 $[\Omega, F, (F_t)_{t \geqslant 0}, P]$ 上的连续局部鞅，

$$\widetilde{M}_t = M_t - \int_0^t D^{-1} d\langle M, D \rangle$$

是 $[\Omega, F, (F_t)_{t \geqslant 0}, Q]$ 下的连续局部鞅。对于另一个局部鞅 N，有 $\langle \widetilde{M}, \widetilde{N} \rangle = \langle \widetilde{M}, N \rangle = \langle M, N \rangle$。

若 Q 是 $Q = \int \varepsilon(L) dP$（参见 Doleans-Dade 定理）定义的等价概率测度，则有

$$\widetilde{M} = M - \int D^{-1} d\langle M, D \rangle = M - \langle M, L \rangle$$

$\widetilde{M}$ 定义在与 M 相同的滤过上。

7. 推论

已知滤过概率空间 $[\Omega, F, (F_t)_{t \geqslant 0}, P]$，定义 $\gamma_t = (\gamma_t^1, \cdots, \gamma_t^d)$ 为 $(L^2)^d$ 中的适应函数，使得

$$\frac{\mathrm{d}Q}{\mathrm{d}P} = \exp\left(-\int_0^T \gamma_s \mathrm{d}W_s - \frac{1}{2} \int_0^T \parallel \gamma_s \parallel^2 \mathrm{d}s \right)$$

且 $W_t = (W_t^1, \cdots, W_t^d)$ 是 d 维布朗运动。如果假设 Girsanov 条件成立，使得 $\zeta_t = E\left[\frac{\mathrm{d}Q}{\mathrm{d}P} \right]$ 是鞅，那么，函数

$$\widetilde{W}_t = W_t + \int_0^t \gamma_s \mathrm{d}s$$

是定义在 $[\Omega, F, (F_t)_{t \geqslant 0}, Q]$ 上的 d 维布朗运动。